KB273659

영어 어감 사전

영어 어감 사전

속뜻만 알면 쏙 들어오는
영단어 뉘앙스

조이스 박 지음

이 책은 영어 단어를 설명하지 않는다. 대신 언어 속에서 사람의 마음이 어떻게 서로 다르게 울리는지를 보여준다. lonely와 alone의 차이를 이해하는 순간, 우리는 '혼자 있음'과 '외로움'을 더 이상 같은 말로 쓰지 않게 된다. practice가 왜 training이 될 수 없는지 알게 되면, 꾸준함과 성실함의 결 또한 분명히 달라진다.

언어를 안다는 것은 단어를 외우는 일이 아니라, 그 단어가 태어난 감정의 온도를 느끼는 일이다. 브레네 브라운은 공감을 "구덩이 아래로 내려가 옆에 있어 주는 태도"라고 말했다. 이 책은 바로 그 구덩이로 독자를 이끈다. 영어를 배우는 책이 아니라, 타인의 세계로 내려가는 사다리를 건네는 책이다.

무릇 어학 공부는 즐거워야 한다. 하루이틀에 끝낼 수 있는 일이 아니고, 매일의 입력과 인출이 차곡차곡 쌓여야 비로소 몸에 남는다. 믿거나 말거나, 나는 어학 공부가 세상에서 가장 재미있는 공부라고 생각한다. 특히 입담 좋은 저자를 만나면 그 즐거움은 배가된다. 조이스 박은 영어 단어 공부마저 재미로 바꿔 버리는, 진짜 절정의 고수다.

김민식 (『영어책 한 권 외워봤니? 뉴 에디션』 저자)

어감은 공감

"You're too kind."

유학을 간 지 몇 주 되지 않았을 무렵이었다. 노트북에 문제가 생겼지만 해결 방법을 도통 알 수 없어서 난감하던 차였다. 그때 내 플랫메이트 리타의 친구의 친구인 영국인 짐이 한번 봐 주겠다며 내 기숙사로 찾아왔다. 그는 내 노트북을 한참 들여다보았지만, 끝내 고치지는 못했다. 그럼에도 불구하고 기꺼이 시간을 내어 찾아와 살펴봐 준 그 마음이 정말 고마웠다. 배웅을 하러 그를 따라 나갔고, 기숙사 문을 나서는 그의 뒤통수에 대고 내가 저렇게 말했다. 너무 고마운 마음에서 한 말이었다.

그런데 나를 돌아보는 짐의 얼굴에 묘한 표정이 떠올랐다. 순간 무언가 잘못되었음을 직감했지만 이미 문은 닫힌 뒤였다. 다시 문을 열고 그의 뒤를 따라가 묻기도 어색했다. 어쩐지 마음이 편치 않아 몇 시간을 곱씹다가, 캐나다에서 온 다른 플랫메이트 루스에게 조심스레 이 이야기를 했다. 내 이야기를 들은 40대 중반의 루스는 하하 웃더니 말했다. "뭐, 그 친구가 네 노트북을 결국 못 고쳤으니 꼭 틀린 말은 아니네." 이런, 내가 무슨 말을 해 버린 걸까.

'너무'에 해당하는 영어 부사는 so도 있고 too도 있다. 그때 내가 그냥 "so kind"라고 했으면 담백하게 상대의 친절함에 감사를 표하는 말로 충분했을 것이다. 하지만 나는 왜 하필 "too kind"라고 했을까. '너무 고맙다'는 말을 너무 어색하게 전하고 만 것이다.

"Too kind"는 정말로 상대의 친절에 깊이 감사할 때 쓰는 표현이기도 하지만 상황에 따라서는 '친절이 지나치시네요'라며 빈정거리는 말처럼 들릴 수 있다. 그러니 짐의 입장에서는 고치지도 못한 노트북 앞에서 내가 과하게 예의를 차리는 것 같거나, 심지어 정작 노트북은 고치지도 못했으니 필요 없는 친절이었다며 비꼬는 것으로 오해했을 수도 있다. 아마 그의 묘한 표정에는 그런 복잡한 감정이 섞여 있었던 게 아닐까. 이때부터였다. 내가 영어 표현의 뉘앙스에 민감해지기 시작한 것은.

외국에서 몇 달이라도 살아 본 사람이라면 아마 나와 비슷한 경험이 있을 것이다. 영어로 아무리 많은 대화를 나누고, 아무리 친해져도 해소되지 않는 어떤 공허감을 느낄 때가. 그러다 어느 날 한국인 친구와 기숙사에 함께 누워 밤새 수다를 떨다 보면 무엇이 고팠는지 비로소 알게 된다. 단어에 담긴 뉘앙스를 함께 느끼며 소통하는 기쁨, 내가 굳이 말하지 않아도 이해하는 이와의 교감. 외국어 앞에서 절실히 그리워지는 감각이다. '모국어가 고프다'는 감각.

하지만 나는 궁금해졌다. 외국어로도 이런 뉘앙스를 느끼며 말할 수 있을까? 점점 더 알고 싶어졌고, 느끼고 싶어졌고, 말하고 싶어졌다. 물론 순탄치 않은 과정을 거쳐야 했다. 어감 차이에서 오는 웃지 못할 해프닝이 끊이지 않았다. 일본인 친구가 요리를 빠르게 잘하기에 "손이 참 빠르시네요"라는 말을 영어로 직역해 말했는데, 일본에서는 그 말이 전철에서 여성을 성추행하는 치한한테 쓰는 표현이라는 이야기를 듣고 기겁한 적도 있었다. 조 한국의 사상의학을 설명하며 "나는 소양인이라 몸에 열이 많다"고 했더니, 프랑스인 친구가 웃음을 터뜨리며 "그 말은 프랑스 남자에게 절대 하지 마. 성적으로 흥분했다는 뜻으로 들리기도 하니까"라고 말해 정색한 경험도 있었다. 친구는 내 표정을 보고 포복절도했지만 내가 그를 따라 웃기까지는 한참이 걸렸다.

언어를 공부하는 일은 단어를 하나하나 딛으며 상대에게 다가가는 여정이다. 그러니 만약 기본적인 의사소통에 그치지 않고 언어의 차이와 문화의 경계를 넘어 진실로 '타인에게 닿고 싶다'는 소망이 있다면 뉘앙스를 하나하나 익히며 깊이 파고드는 경험은 결코 헛되지 않다. 단어 하나가 다른 하나와 손을 잡고 흘러나와 말을 이루기 때문이다.

문화적 차이를 이해하고 존중하며 인지하는 능력을 뜻하는 '문화인식'에는 두 가지 종류가 있다. 하나는 교차문화인식cross-cultural awareness이고, 또 하나는 상호문화인식intercultural awareness이다. 우리나라 영어교육 과정에서 강조하는 교차문화인식은 '상대는 저렇구나' 하고 머리로 이해하는 태도다. 이 인식은 특히 멀리 떨어진 타 문화권에서 외국어를 통해 문화를 배울 때 실현 가능한 최선의 수

준일지도 모른다. 반면 상호문화인식은 상대의 입장에 나를 놓아 보는 시선, 곧 보다 깊은 이해이자 공감을 말한다. 상호문화인식을 말할 때마다 나는 동정sympathy과 공감empathy의 차이를 설명한 브레네 브라운의 테드Ted 강연이 생각난다. 브라운은 깊은 구덩이에 빠진 이를 보면서 "어떡하니, 빠졌네. 괜찮아?"라고 위에서 걱정하며 묻는 태도가 동정이고, 그 구덩이 아래로 내려가 옆에 있어 주는 태도가 바로 공감이라고 설명한다. 상호문화인식은 이런 공감으로부터 시작된다.

영어가 명실상부 세계 보편어English as a Lingua Franca인 지금, 영어의 어감을 공부하는 일은 이 지구에 사는 사람 중 꽤 많은 이들을 이해하고 그들과 공감할 수 있는 초석이 되지 않을까? 이 책은 그런 믿음에서 출발했다. 한국인이 자주 헷갈리는 쉬운 영어 단어들 사이 미묘한 차이를 하나씩 짚어 보며 단어 너머의 어감과 뉘앙스가 담고 있는 문화의 결을 들여다보고자 했다. 다채로운 문화적 요소가 수없이 전 세계를 교차하는 오늘날의 세상에서 갈등과 오해는 자연스러울지도 모르겠다. 하지만 그 갈등을 넘어서는 유일한 열쇠는 결국 '공부'와 '공감'일 것이다.

emotion · feeling

emotion 감정
feeling 느낌

우리는 감각 기관을 통해 외부 세계의 정보를 받아들인다. 그리고 그에 대한 해석과 반응은 인류가 지금까지 살아남는 데 핵심적인 역할을 해 왔다. 그중 emotion, 즉 감정이라 불리는 현상은 내외부 자극에 대한 즉각적이고 본능적인 반응이다. 즉각적인 만큼 감정은 대개 일시적이며 강렬하다. 자극은 정신적인 것일 수도 있고, 물리적이거나 생리적인 것일 수도 있다. 그래서 흔히 감정은 뇌 속의 화학 반응으로 일어나는 반사적 반응이라고도 한다.

감정은 태어날 때부터 다양하게 발달되어 있는 것이 아니라, 성장과 함께 점차 분화되고 확장된다. 아기나 어린아이들이 표현하는 감정이 몇 가지에 그치는 이유가 여기에 있다. 심리학자 폴 에크먼은 인류 보편의 기본 감정 basic emotions으로 다음 여섯 가지를 제시했다. 분노anger, 혐

오disgust, 공포fear, 행복happiness, 슬픔sadness, 놀람surprise. 어린 시절에는 이러한 기본 감정이 중심이 되지만, 나이가 들수록 감정은 더 정교하고 섬세하게 분화되어 자신과 타인의 내면 상태를 더 다양하게 느끼고 표현할 수 있게 된다.

반면 feeling은 '느낌'이라는 의미에 가깝다. feeling은 감정이 일어난 뒤, 이를 인식하고 해석하는 주관적인 경험에 해당한다. 지각 능력이나 해석 방식에 따라 사람마다 feeling은 달라질 수 있다. 누군가는 추위를 더 심하게 느끼고, 누군가는 매운 음식을 잘 먹으며, 누군가는 공포 영화를 못 보거나 롤러코스터를 타지 못하는 것도 이런 차이에서 비롯된다.

괴물을 보고 뇌가 반사적으로 "아, 무서워" 하고 느낀다면, 그것은 emotion이다. 그리고 이 감정을 자각한 뒤 "소름 돋아!"라고 반응한다면, 그것은 feeling이다. 사실 감정과 느낌을 구분하는 것은 생각보다 쉽지 않다. 대부분의 feeling이 emotion에 기반하고 있기 때문이다. 결국 감정은 느낌의 형태로 체험된다. 쉽게 말해, emotion은 "I have anger"의 상태이고, feeling은 "I feel angry"라고 표현되는 경험이다. 두 개념은 깊이 연결되어 있기에 일상에서는 혼동되기 쉽다.

같은 emotion이라 하더라도 이를 체험하고 표현하는 방식은 사람마다 다를 수 있다. 예를 들어, 분노하는 감정이 생겼을 때 누군가는 "I feel upset"(속상해)라고 하고, 또 다른 누군가는 "I feel frustrated"(답답해)라고 말할 수 있다. 슬플 때도 누군가는 "I feel lonely"(외로워), 또 누군가는 "I feel down"(우울해)라고 표현한다.

정리하자면 emotion은 우리가 무엇을 좋아하고 싫어하는지를 알려 주는 즉각적인 감정 신호이고, feeling은 그 감정을 어떻게 해석하며 어떤 삶의 태도를 이어 갈지 보여 주는 내면의 안내서라고 할 수 있다. emotion이 "이건 좋아, 저건 싫어"라고 반응한다면, feeling은 "나는 이런 방식으로 존재하고 싶어"라는 방향성을 제시한다.

emotion은 외부 자극에 대한 초기 반응이고, feeling은 그 감정을 바탕으로 생기는 주관적 해석과 내면화된 태도다. 또한 emotion이 본능적인 반사 작용이라면, feeling은 학습과 경험, 환경, 문화 등에 의해 형성되는 복합적인 감정 구조다. 쉽게 말해, emotion은 즉각적 생존에 유리한 반응이고, feeling은 장기적인 생존과 사회적 적응에 유리한 심리적 전략이라 할 수 있다.

하나의 감정에 대해 어떻게 달리 표현할 수 있는지는 다음 문장에서 알아보자.

24

Walking home alone late at night filled me with fear. I felt anxious, constantly looking over my shoulder. 밤늦게 혼자 집에 걸어가는데 무서움이 밀려와 불안해서 계속 뒤를 돌아보았다.

여기서 fear는 emotion, 이에 따라오는 anxious는 feeling이다.

○ 값

price · cost

price 가격, 금액
cost 비용, 대가, 단가

영어를 잘 못하는 관광객이 영어권 상점에 들어가 원하는 물건을 손가락으로 가리키며 "How much?"라고 묻는다. 이 짧은 한마디만으로도 충분히 의사소통이 된다. 이는 사실 "How much is it?"의 축약형으로, 물건의 가격을 묻는 가장 일반적이고 자연스러운 표현이다. 한편, 호텔에 전화를 걸어 하룻밤 숙박 요금을 물을 때는 보통 "What is your room rate?"(객실 요금이 얼마인가요?)라고 말한다. 그렇다면 "How much is your room rate?"라고 하면 틀릴까? 문법적으로 틀리지는 않지만, 원어민은 거의 사용하지 않는 어색한 표현이다. 그 이유는 'room rate'라는 말 자체에 '요금'이라는 뜻이 포함되어 있고, 'How much'도 가격을 묻는 표현이기 때문에 결국 '가격이 얼마인 요금'이라는 이중 의미가 생기기 때문이다. (여기서 'rate'는 일정한 기준, 예를 들어 하룻밤이나 몇 시간 단위에 따른 금액을 뜻한다. 숙박 요금은 보통 며칠 묵느냐에 따라 달라지므로 price보다 rate를 쓰는 것이 일반적이다.) 만약 How much를 꼭 쓰고 싶다면 "How much per night?"(하룻밤에 얼마예요?) 또는 "How much is a room for one night?"(1박에 객실 요금이 얼마인가요?)라고 하는 것이 자연스럽다.

요약하자면 "How much is + 물건?"이라는 구조는 일상 회화에서 가격을 물을 때 가장 널리 쓰이는 자연스러운 표현이다. 반면 "What is the price/rate/charge?"는 더 격식 있는 표현이며 문법적으로도 정확하고 어색하지 않다. 따라서 상점이나 호텔 등에서 가격을 물을 때는 "How much is this?" 또는 "What is the price?"라고 말하는 것이 가장 바람직하다.

지금까지 살펴본 price는 소비자가 어떤 상품이나 서비스를 구입할 때 실제로 지불하는 금액, 즉 판매가를 의미한다. 일반적으로 제품에 붙은 가격표에 적힌 금액이 바로 price다. 반면 cost는 제품이 소비자에게 팔리기 전에 제조·생산·제공하는 데 들어간 비용, 즉 원가를 뜻한다. 다시 말해 price는 소비자의 시선에서, cost는 생산자나 공급

자의 시선에서 바라본 액수다.

- The price of the laptop is $1,200. 그 노트북 가격은 1,200달러이다. → 소비자가 보는 판매가격
- The production cost for that laptop is $800 per unit. 그 노트북 대당 생산 비용은 800달러이다. → 생산자가 계산하는 단가

cost 역시 얼마냐고 물어볼 때는 "What is the cost?"라고 묻는다. 만약 그 노트북 한 대당 생산비용을 묻고 싶다면 "What's the production cost per unit for that laptop?" 혹은 cost를 동사로 써서 "How much does it cost to produce one unit of that laptop?"(그 노트북 한 대를 생산하는 데 드는 비용은 얼마입니까?)라고 할 수 있다.

한편 가격이나 비용이 비싸다거나 싸다고 말할 때는 주의가 필요하다. 물건 자체가 비쌀 때는 expensive, 쌀 때는 cheap이라고 하지만, 가격에 대해 말할 때는 high 혹은 low를 쓰는 것이 문법적으로 맞다.

- The laptop is expensive. (○)

- The prices at the store are high. (○)

물건값이 싸다고 할 때 "The price is cheap"라고 하면 틀린 건 아니지만, 원어민에게는 다소 어색하고 문법적으로도 적절하지 않다. price가 쌀 때는 good, reasonable, affordable 같은 형용사를 쓰는 것이 더 자연스럽다.

They offer good prices and affordable options. 그 가게는 가격도 괜찮고 부담 없는 선택지도 제공한다.

이 외에도 영어에는 다양한 '요금' 표현이 있다. fare는 교통 요금(bus fare, taxi fare), fee는 서비스 요금(admission fee, membership fee), charge는 청구 금액(service charge, delivery charge), dues는 회비(monthly dues), fine은 벌금(parking fine, late fine) 등을 뜻한다.

◦ 개인의

personal · private

personal 개인의

private 사적인

미국에서는 "Private Property — No Tresspassing"(사유지 — 무단침입 금지)라는 경고 문구를 자주 볼 수 있다. 여기서 private은 '공공public이 아닌 개인 또는 특정 집단이 소유한'이라는 의미로, 소유자의 허락 없이 출입하거나 사용할 수 없다는 것을 뜻한다. 반대 개념은 public property(공공재, 공공시설)이다.

한편 personal property라는 표현도 존재하지만, 그 의미는 다르다. 이는 '개인이 소유한 동산'movable property을 뜻하며, 부동산real estate과 구별되는 개념이다. 가구나 전자기기, 보석과 같은 이동 가능한 물건이 이에 해당한다.

Personal property includes furniture, electronics, and jewelry. 개인 소유 동산에는 가구, 전자제품, 보석 등이

포함된다.

정보와 관련된 표현에서도 차이점이 드러난다. personal information과 private information은 다르다. personal information은 특정 개인을 식별할 수 있는 정보, 가령 이름, 생년월일, 주소, 전화번호 등을 말한다.

Please fill out the form with your personal information, such as your name, date of birth, and address. 이름, 생년월일, 주소 등과 같은 개인정보를 양식에 작성해 주세요.

반면 private information은 공개되면 안 되는 민감하고 은밀한 정보로, 성적 지향, 가족 문제, 비밀번호, 은행 계좌번호, 의료 기록 등이 포함된다. 이러한 정보는 보안상 접근이 제한되어야 한다.

Your password and bank account number are private information, so don't share them with anyone. 비밀번호와 은행 계좌 번호는 민감한 사적 정보이니 누구와도

공유하지 마세요.

이처럼 personal과 private 모두 겉보기에는 '개인의, 사적인'이라는 뜻으로 보이지만, 의미의 초점과 뉘앙스에는 분명한 차이가 있다. 정리해 보면, personal은 '개인적인, 개개인에게 속한'이라는 의미로, 특정 개인의 정체성이나 관심, 경험 등과 직접적으로 관련된 것에 사용된다.

- personal computer 개인이 소유하고 사용하는 컴퓨터
  → 과거에는 컴퓨터가 기관 단위로만 사용할 수 있을 정도로 컸기 때문에, 개인이 한 대씩 사용할 수 있다는 점에서 personal이라는 단어가 붙었다.

- personal experience 사적인 경험
- personal space 개인의 물리적·심리적 공간
- personal belongings 개인 소지품
- personal relationship 사적인 친분 관계

반면 private은 특정 개인이나 집단만 접근할 수 있는, '제한적이며 비공개된' 성격을 가진 대상에 쓰인다.

- private property 사유지

- private jet 개인 전용 제트기 → 일반인이 아닌 특정한 사람이 이용 하는 비행기
- private room 특정인만 사용할 수 있는 방 → 일반 손님이 출입할 수 없는 공간
- private conversation 비공개 대화 → 남들에게 공개되지 않는 대화

private은 public의 반대 개념으로 쓰이기도 한다.

- private school 사립학교
- private organization 민간 단체

단, 영국 영어에서는 public school이 사립학교고, 국립학교는 state school이라고 쓴다는 점을 주의해야 한다.

표현상의 미묘한 차이도 있다. keep things personal은 감정이나 관계를 보다 진솔하고 인간적인 차원에서 다루겠다는 뜻이며, keep things private은 어떤 정보나 상황을 외부에 알리지 않고 비공개로 유지하겠다는 의미다.

- Let's keep things personal and talk about our feelings honestly. 우리 솔직하게 감정을 이야기하며 인간적인 관계를 유지하자.
- I'd prefer to keep things private and not discuss my salary with coworkers. 급여에 대한 이야기는 동료들과 나누지 않고 비공개로 두고 싶다.

특히 유의해서 이해해야 할 표현 중 하나는 "Don't take it personally"다. 직역하면 "개인적으로 받아들이지 마"가 되지만, 실제로는 "그 말을 당신에 대한 비난으로 받아들이지 마라"라는 의미를 담고 있다. 좀 더 자연스럽게는 "기분 나쁘게 듣지 마" 혹은 "오해하지 마"로 번역하는 것이 적절하다. 비공식적인 자리에서는 "꼽게 듣지 마" 정도로도 해석할 수 있으나, 공식적인 상황에서는 자제해야 할 표현이다.

health · well-being · wellness

health 건강
well-being 웰빙, 삶의 질
wellness 웰니스, 건강 지향적 생활 방식

웰니스wellness와 웰빙well-being은 한국어로 정확히 옮기기 어려운 단어다. 겉보기에는 '건강'이나 '행복'으로 번역할 수 있을 것 같지만, 이들이 담고 있는 문화적 맥락과 철학적 개념은 훨씬 더 넓고 깊다.

예를 들어 well-being은 단순히 아프지 않은 상태를 넘어서 신체적·정신적·사회적으로 조화롭고 만족스러운 삶의 전반적 상태를 뜻한다. 정부 차원의 정책에서도 '삶의 질'을 측정할 때 well-being index를 활용하기도 한다. 한국어로는 '삶의 안녕'이나 '삶의 질'이라는 표현이 가장 근접하지만, 이조차도 well-being이 지닌 감각을 온전히 담아내기는 어렵다. well-being을 '참살이'로 번역하는 움직임도 있었지만, 아직 많이 쓰이는 용어가 아닐뿐더러

'웰빙 버거', '웰빙 찜질방'처럼 주로 건강에 좋은 음식이나 상품을 뜻하는 좁은 의미로 사용되는 경우가 많다. 본래의 폭넓은 의미가 충분히 전달되지 못하는 것이다.

Laura moved to the countryside for the well-being of her children. 아이들의 삶의 질을 위해 로라는 전원 지역으로 이사했다.

이처럼 영어에서의 well-being은 가족의 삶, 심리적 안정, 교육 환경 등까지 포괄하는 넓은 맥락에서 쓰인다. 한국에서처럼 단순히 '건강에 좋은 것'으로 이해하면 오해의 소지가 있다.

반면 wellness는 well-being보다 더 실천적이고 구체적인 개념이다. 예컨대 '운동, 명상, 식습관 관리, 디지털 디톡스' 등 스스로 건강을 돌보려는 라이프스타일 전반을 가리킨다.

She leads a wellness-oriented life, practicing yoga daily and avoiding processed food. 그녀는 매일 요가를 하고 가공식품을 피하며, 웰니스 중심의 삶을 살아간다.

이처럼 wellness는 구체적인 루틴과 실천을 통해 건강과 조화를 추구하는 삶의 태도다. 이 단어는 17세기부터 '무탈한'이라는 뜻의 형용사 well에 명사형 어미 -ness를 붙여 쓰이기 시작했고, 1970년대 이후 건강을 총체적으로 바라보는 시각이 확산되며 '건강한 삶의 실천'을 의미하는 새로운 패러다임의 언어로 자리 잡았다.

health는 이보다 더 전통적인 개념으로, 질병이 없고 신체적으로 온전한 상태를 뜻한다. 어원은 고대 독일어 heilida에서 비롯되며, '다치지 않고 완전한 상태'를 의미한다. 보통은 신체적 건강과 정신 건강을 모두 포괄한다.

- After recovering from the flu, she felt her health was finally improving. 독감에서 회복한 뒤, 그녀는 건강이 점점 좋아지고 있다고 느꼈다.
- Regular exercise and a balanced diet are crucial for maintaining good health. 규칙적인 운동과 균형 잡힌 식단은 건강 유지에 매우 중요하다.

health는 공공 영역에서도 널리 쓰인다. public health(공중 보건)는 질병 예방, 전염병 관리, 수명 연장 등을 목적으로 한 정책과 연구를 아우른다. 최근에는 public wellness라는 표현도 등장했다. 이는 단순한 질병 관리 수준을 넘어, 정신적·정서적 건강과 전반적인 삶의 질까지 포함하는 개념이다. 다시 말해, 개인을 넘어서 공동체 전체의 삶의 질을 향상시키려는 움직임이라 할 수 있다.

정리하자면 health는 질병 유무 중심의 상태를, well-being은 신체·정신·사회 전반의 만족도를, wellness는 그런 삶을 실현하기 위한 능동적인 실천 방식을 가리킨다. 이 세 단어는 서로 겹치는 면도 있지만, 초점과 쓰임새에서 뚜렷한 차이를 지닌다.

○ 곧

early · soon

---

early 이른, 일찍
soon 곧, 머지않아

Since early morning I've waited, but you, who promised to return soon, are still not here. 이른 아침부터 기다려도 곧 돌아오겠다는 당신은 오지 않네.

이 문장을 보면 early와 soon의 차이가 잘 드러난다. 먼저, early는 기준점보다 앞선 시점을 뜻한다. 여기서는 '하루 중 이른 시간', 즉 아침 일찍부터 기다리기 시작했다는 의미다. 어떤 행위를 예정된 시간보다 앞서 하거나, 어떤 일이 초기에 이루어졌음을 표현할 때 쓴다.

- I woke up early to catch the sunrise. 일출을 보려고 일찍 일어났다.
- She arrived at the airport early, just to be safe. 그녀는

혹시 몰라 일찍 공항에 도착했다.

early는 원래 일어나거나 시작하던 시간을 기준으로 그보다 더 이른 때를 의미하거나, 허용된 시간보다 빨리 도착했음을 나타낸다. 반면 soon은 말하는 시점 이후의 가까운 미래를 가리킨다. '곧 돌아오겠다'는 말은 머지 않은 미래에 돌아오겠다는 약속으로, 말하는 사람이 미래를 바라보며 하는 말이다.

I'll call you soon after the meeting. 회의 끝나고 곧 전화할게.

두 단어를 비교하는 예를 더 살펴보자. 누군가 당신에게 "Why so early?"라고 물었다면, 아마 회의가 10시인데 당신이 9시에 왔을 때, 즉 기준인 10시보다 일찍 왔을 때 묻는 말일 것이다. 또는 가족 중 누군가 토요일인데 6시에 일어나면 "Why so early? It's Saturday"(왜 이렇게 일찍 일어나? 토요일인데)라고 말할 수 있다.

반면 2주 동안 계획한 여행에 간 친구가 1주일 만에 돌아오면, "Why so soon?"(왜 벌써 왔어?)이라고 묻는다. 또는 회식이 끝나고 누군가 곧바로 집에 가려고 하면 "Why so soon? Stay for a bit!"(벌써 가려고? 좀 더 있어!) 라고 말할 수 있다. 이때 soon은 '곧'이 아니라 '벌써'라는 뜻으로 해석하는 게 자연스럽다.

soon은 기본적으로 말하는 순간부터 머지않은 미래를 가리키지만, 그 일이 예상보다 빨리 일어났을 때 놀람이나 아쉬움을 표현할 때도 쓴다. 이런 경우에도 한국어로는 '벌써'라고 번역하는 게 자연스럽다.

The movie ended so soon. 영화가 벌써 끝났어.

정리하면 early는 '정해진 시간보다 이르게'라는 뜻이며, soon은 '조만간 일어날 것'이라는 미래지향적인 의미를 지닌다. 또한 예상보다 일이 빨리 일어났을 때의 놀라움을 표현할 때도 사용된다.

○ 공감

empathy · sympathy

empathy 공감
sympathy 동정

휴스턴대학교 사회복지대학원의 연구 교수이자 vulnera-bility(취약성)에 대한 TED 강의로 유명한 브레네 브라운은 empathy와 sympathy의 차이를 흥미롭고도 쉽게 설명한 적이 있다. 브라운 박사는 어두운 구덩이에 빠진 사람을 상상해 보라고 말한다. sympathy는 그 구덩이 위에서 빠진 사람을 내려다보며 "거기 괜찮아? 뭐라도 좀 가져다줄까?" 하고 안쓰러워하는 태도에 가깝다. 반면, empathy는 빠진 구덩이 안으로 직접 내려가 곁에 있어 주는 능력이며, 그래서 sympathy보다 훨씬 강하고 깊은 감정적 연결을 만들어 준다.

sympathy는 '함께'를 뜻하는 접두사 sym-과 '감정, 느낌'을 뜻하는 그리스어 pathos가 결합한 단어로, 말 그대로 '함께 느낀다'는 의미를 지닌다. 이는 타인의 상황을 지켜보며 연민이나 슬픔을 느끼는 정서를 말한다. 반면, empathy는 in-에서 파생된 접두사 em-과 pathos가 결합한 말로, 타인의 감정 안으로 들어가 그 속에서 자신을 느끼는 태도다. 고통받는 이의 입장이 되어 슬픔과 아픔을 함께 겪는 것이 바로 empathy다. 즉 sympathy가 타인의 고통을 인식하고 안쓰럽게 여기는 감정을 인정하는acknowledgement 것이라면, empathy는 그 고통을 내 일처럼 느끼고 깊이 이해하는 내면적 몰입이다. 이 몰입에는 자연스럽게 '상대의 입장에서 바라보는 능력', 즉 조망 수용perspective-taking이 따르게 된다. 말하자면 '역지사지', 영어 표현으로는 putting oneself in someone else's shoes에 해당하는 상태다.

이 두 감정적 태도는 결과에서도 뚜렷한 차이를 보인다. empathy는 타인과의 감정적 이해를 깊게 만들어 진정한 연대와 지지의 관계로 이어질 수 있다. 반면 sympathy는 상대를 보살피고 관심을 기울이는 마음이긴 하지만, 그 깊이나 관계의 밀도 면에서는 empathy만큼 강한 유대를 형성하기 어렵다.

'연민, 동정심'으로 번역되는 compassion은 위의 두 단어와 비슷하면서도 다른 차원을 보여 준다. '함께'를 뜻하는 라틴어 com-과 '고통을 겪다'를 뜻하는 pati가 합쳐져 '함께 고통을 겪는다'는 의미를 가진다. 즉 compassion은 단순히 감정을 느끼고 이해하는 것을 넘어, 상대의 고통에 진심으로 공감하고 그 고통을 덜어 주려는 행동의지까지 포함된 태도다. 다시 말해, compassion은 '함께 느끼는 것'을 넘어 '함께 행동하려는 마음'까지 포함된, 깊은 연대의 태도라고 할 수 있다.

이러한 개념을 잘 보여 주는 말이 있다. 브레네 브라운은 이렇게 말한 바 있다.

Empathy fuels connection. Compassion is empathy in action. 공감은 연결을 만들어 주고, 연민은 그 공감을 행동으로 옮기는 것이다.

그에 따르면 아프리카에 가서 의술을 펼친 알베르트 슈바이처 박사는 compassion을 실천한 인물이라 볼 수 있을 것이다.

이처럼 타인을 향한 정서적 개입의 깊이와 행동 지향성에 따라 이 세 단어를 다음과 같은 순서로 나열할 수 있다.

sympathy < empathy < compassion

generous · bighearted

generous 베푸는, 아낌없이 주는
bighearted 마음씨 좋은, 인정 많은

한국어 화자들이 자주 오해하는 영단어 중 하나가 바로 generous다. 이 단어를 우리는 흔히 '관대한'이라고 번역하지만, 실제로는 단순히 마음이 넓고 허물을 덮어 주는 관대함만을 뜻하지 않는다. 원어민이 generous라고 말할 때는 대체로 물질적인 나눔이나 넉넉하게 주는 태도에 초점이 맞춰져 있는 경우가 많다.

메리엄-웹스터 사전은 generous를 이렇게 정의한다.

- 아낌없이 베푸는liberal in giving
- 넉넉하거나 풍성한marked by abundance
- 고귀하거나 친절한 마음을 지닌noble or kindly in spirit

즉 generous는 물질적이든 정서적이든 어떤 것을 기

꺼이 넉넉하게 주는 마음을 가리킨다. 그래서 아래와 같은
표현들이 자연스럽게 쓰인다.

- a generous donation 후한 기부
- generous support 아낌없는 지원
- a generous gift 풍성한 선물
- a generous benefactor 후한 후원자
- generous hospitality 정성껏 베푸는 환대

물론 generous heart나 generous spirit처럼 마음이
나 태도를 가리키는 표현도 있지만, 이 역시 '마음이 넓은
사람'이라기보다는 '아낌없이 주는 사람'이라는 뉘앙스가
강하다. 즉 베푸는 행위가 핵심이다.

- He is known as a generous tipper. 그는 팁을 후하게 주
  는 사람으로 알려져 있다. → 물질적으로 후하다.
- Mrs. Jones always gives generous compliments to her
  students. 존스 선생님은 학생들에게 칭찬을 아끼지 않는
  다. → 정서적으로 아낌없이 표현한다.

generous와 의미가 가까운 표현은 open-handed다. 문자 그대로는 '손을 활짝 편' 상태지만, '아낌없이 주는, 후한, 관대한'이라는 의미로, 물질적이든 정서적이든 무엇이든 기꺼이 나누는 태도를 나타낼 때 쓴다.

He gave open-handedly to those in need. 그는 도움이 필요한 이들에게 아낌없이 나누었다.

한편 '관대한', '죄나 허물을 너그럽게 용서하는', 혹은 '마음이 넓은'이라는 의미로는 bighearted나 magnanimous가 더 적절하다.

- bighearted gesture 따뜻한 행동
- bighearted person 정 많은 사람
- bighearted donation 마음이 담긴 기부
- bighearted hospitality 따뜻한 환대
- magnanimous gesture 대범한 행동
- magnanimous leader 대인배 같은 리더
- magnanimous victory 품격 있는 승리
- magnanimous peace 관용에 기반한 평화

bighearted도 donation이나 hospitality와 함께 쓰이면 결국 '후한 기부'나 '풍성한 환대'라는 의미가 되기도 한다. 마음이 있으면 행동과 물질이 따르기 때문이다. magnanimous victory는 치열한 경쟁 끝에 이긴 사람이 패자 앞에서 자만하지 않고 신사답게 행동할 때, magnanimous peace는 응징이나 보복보다는 용서와 포용으로 맺어진 평화협정을 말할 때 자주 쓰인다.

generous, bighearted, magnanimous 모두 인간의 긍정적인 성품을 드러내는 형용사다. 이런 특성은 selfless(이타적인), altruistic(타인을 위하는)과도 깊은 관련이 있다. 나는 개인적으로 giving이라는 형용사도 좋아한다. 비록 '-ing'가 붙어 동명사처럼 보이지만 형용사로도 쓰이며, '잘 베푸는', '아낌없이 주는'이라는 뜻이다.

She's very giving and caring. 그녀는 정말 잘 베풀고 배려심이 깊다.

여기서 caring은 '배려한다'는 뜻이지만, 정확히는 '정성을 들여 보살피고 가꾸는' 사람을 의미한다. giving과 caring은 사람에게서 찾을 수 있는 매우 소중한 자질이다.

pleasure · joy

pleasure 욕구가 충족되어 얻는 기쁨, 즐거움, 쾌락

joy 내면 깊숙이 솟아나는 기쁨, 환희, 행복

기쁨에도 급과 결이 있다. 겉보기에는 모두 '즐겁다', '좋다'고 말할 수 있지만, 그 기쁨이 어디서 오는지, 얼마나 오래 지속되는지, 그리고 마음 깊은 곳을 울리는지에 따라 그 감정의 질감이 달라진다. pleasure와 joy는 모두 '기쁨'으로 번역되지만, 이 두 단어 사이에는 깊이와 방향, 울림의 차이가 분명하다. pleasure는 보통 순간의 만족이나 감각적인 즐거움을 말하고, joy는 내면 깊숙이 솟아나는 환희와 충만감을 일컫는다.

pleasure는 '기쁘게 하다'(to please)라는 뜻의 프랑스어 plaisir에서 왔으며, 이는 '받아들여지다', '호감의 대상이 되다'는 의미의 라틴어 placere에서 유래했다. 역사적으로 pleasure는 감각이나 신체적 경험과 밀접한 관련이 있다. 즉 어떤 자극으로 인해 기분이 좋거나 만족스러운

반응을 보이는 것을 뜻한다. 다시 말해, 욕구가 충족되어 얻는 즐거움이나 감각적인 체험으로 느끼는 기쁨을 가리킨다. 최애 음식을 맛보거나 음악을 듣는 일, 혹은 신체적으로 쾌감을 느끼는 구체적인 행동이나 경험과 관련해 자주 쓰인다. 외부 자극에 대한 반응으로 나타나며, 영속적이지 않고 스쳐 지나가는 경우가 많다.

Eating ramen on a rainy night is such a simple pleasure. 비 오는 밤에 라면을 먹는 건 소소한 즐거움이다.

반면 pleasure는 사교적인 표현으로도 자주 쓰인다.

It was a pleasure meeting you. 만나서 반가웠어요.

누군가의 도움이나 호의에 감사를 표현할 때는 "My pleasure"(천만에요, 제가 기뻐서 한 일이에요) 또는 "The pleasure is mine"(오히려 제가 더 기쁘죠)라 말한다.

요즘에는 guilty pleasure(죄책감이 들지만 멈출 수 없는 기쁨)라는 표현도 자주 등장한다. 예컨대 맛있는 초콜릿을 두고 망설이다 결국 먹고 행복해하는 여성의 이미지를 떠올려 볼 수 있다. 살찔까 봐 먹으면 안 되는데도 달콤함의 유혹을 뿌리치지 못하고 결국 즐기는 것이 바로 guilty pleasure다.

> Binge-watching my favorite series with a big bowl of ice cream is my ultimate guilty pleasure — it's the perfect way to unwind and treat myself on a weekend.
> 아이스크림 한 그릇을 잔뜩 담아 놓고 내가 제일 좋아하는 드라마를 몰아보는 것, 이게 내 최고의 길티 플레저야. 주말에 긴장을 풀고 스스로에게 보상을 주는 완벽한 방법이지.

내가 가장 좋아하는 pleasure와 관련된 표현은 pleasure reading이다. 좋아서 읽는 독서를 일컫는 말이다. 독서는 정보나 지식을 얻기 위한 수단이기도 하지만, 단순히 재미있어서 할 수도 있다. 독서의 중요성과 혜택을 아무리 강조해도 pleasure reading이 주는 힘을 능가하긴 어렵다. '재미있어서 읽는다'는 내적 동기만큼 강력한 추진력은 없기 때문이다. pleasure reading은 fun reading이라고도 말할 수 있지만, joy reading이라고 하지는 않는다.

한편 joy는 '기쁨, 환희'를 뜻하는 옛 프랑스어 joie에서 왔으며, 이는 라틴어 gaudium(단수형), gaudia(복수형)에서 유래했다. joy는 '행복'에 가까운, 보다 깊고 포괄적인 기쁨이다. 외적인 자극에 대한 반응이라기보다는 삶 속에서 평안하게 지내며 느끼는 감정에 가깝다.

- My heart was filled with joy as I watched them reunite. 그들이 다시 만나는 모습을 보니 내 마음은 기쁨으로 벅차올랐다.
- He found great joy in helping others. 그는 다른 사람을 도우며 큰 기쁨을 느꼈다.

joy는 다음과 같은 표현에서도 자주 등장한다. spread joy(기쁨을 퍼뜨리다), joy to the world(세상에 기쁨을)처럼 따뜻한 감정을 확산할 때 사용되며, tears of joy(기쁨의 눈물), a heart filled with joy(기쁨으로 벅차오르는 마음)과 같은 표현에서는 내면 깊은 곳에서 터져 나오는 감정을 나타낸다. 누군가에게 "너는 내 기쁨이야"라고 말하고 싶다면 "You are my joy"라고 하면 된다. 그 사람이 내 삶에 얼마나 소중한 존재인지, 애정을 담아 표현할 수 있는 말이다.

반면 "You are my pleasure"라고는 하지 않는다. pleasure는 감각적 만족이나 순간적인 즐거움을 뜻하기 때문에, 존재 자체에 대한 감동이나 사랑을 표현하기에는 joy만큼 깊은 울림을 주지 못한다.

◦ 기준

code · guideline · standard

code 규범
guideline 지침
standard 기준

영화 『어 퓨 굿 맨』A Few Good Men에는 Code Red라는 표현이 등장한다. 이는 미 해병대 내에서 군기가 약한 병사에게 동료들이 비공식적으로 가혹행위를 가하는 처벌을 의미한다. 영화 속에서는 잭 니콜슨이 연기한 제섭 대령이 이 Code Red를 부하들에게 암묵적으로 지시했다가 결국 병사의 사망으로 이어지는 비극이 발생한다. 여기서 말하는 code는 법률처럼 명문화되거나 공식적인 법령이 아니라, 조직 내부에서 구성원들이 암묵적으로 따르는 규범이나 관행을 뜻한다. 다시 말해, 법적 구속력은 없지만 집단 내 질서를 유지하거나 내부 문화를 형성하는 데 큰 역할을 하는 비공식적 규범이다.

한편 호주의 번역사 자격시험인 NAATI(National Accreditation Authority for Translators and Interpreters)는 번역 실기 시험과 윤리 시험을 각각 80:20의 비율로 구성한다. 이 중 윤리 시험은 번역사가 반드시 따라야 할 윤리 강령Code of Ethics을 중심으로 출제된다. 예를 들어 자신이 맡은 번역을 제3의 번역사에게 무단으로 하청 주는 행위는 비윤리적인 행동으로 명시되어 있으며, 이를 위반할 경우 자격이 제한될 수 있다. 이러한 윤리 강령은 단순한 도덕적 제안이 아니라, 전문 번역사로서의 신뢰성과 책임을 지키기 위한 핵심 규범이다. NAATI뿐만 아니라 대부분의 전문 통번역 단체에서도 유사한 Code of Ethics를 운영하고 있으며, 이는 전문직 종사자로서 공정성, 정확성, 비밀 유지, 이해 상충 금지 등을 포함한다. 최근에는 Code of Conduct(행동 강령, CoC)를 제정해 공시하는 공동체나 기관, 기업이 늘어나고 있다. 이는 구성원들이 따라야 할 가이드라인이나 윤리 강령으로, 해당 공동체의 '행동 강령'으로 불린다.

All employees are required to follow the company's code of conduct, which includes rules on professionalism, confidentiality, and respectful behavior. 모든 직원은 전문성, 기밀 유지, 존중하는 태도에 관한 규칙이

포함된 회사의 행동 강령을 따라야 한다.

이처럼 code는 문맥에 따라 penal code(법률 코드), code of ethics(윤리 강령), military code(군 내부 규율) 등 다양한 의미로 확장될 수 있지만, 핵심은 집단이 공유하는 행동 기준이라는 점이다. 단순한 지침이 아니라 '이렇게 해야 한다'는 무언의 압력을 담고 있다. 예를 들어 'bro code'는 남자들 사이에서 지켜야 할 행동 규범을 의미하고, 'honor code'는 학교나 조직에서 부정행위를 금지하는 명예 규약을 뜻한다.

비슷한 개념으로 guideline(지침)과 standard(표준)가 있다. guideline은 법적 구속력은 없지만, 어떤 일을 보다 바람직하게 수행하기 위한 방향을 제시한다. 개인이나 조직이 참고할 수 있도록 만든 권고안으로, 상황에 따라 유연하게 적용할 수 있으며 '따르면 좋다'고 권장하는 성격이 있다.

The government issued new dietary guidelines to help people eat healthier. 정부는 사람들이 더 건강하게 식사할 수 있도록 새로운 식이 지침을 발표했다.

standard는 어떤 제품, 서비스, 절차 등에 대해 일관성과 품질을 보장하려고 정해 놓은 공통 기준이다. 특정 산업이나 공공 기관, 국제기구 등에서 제시하며, 이를 충족하지 못하면 규정 위반으로 간주될 수도 있다.

The ISO 9001 standard focuses on quality management systems. ISO 9001 표준은 품질 경영 시스템에 중점을 둔다.

이처럼 code, standard, guideline은 모두 어떤 행동이나 절차에 방향을 제시하는 도구이지만, 그 강제성과 적용 범위는 분명히 다르다. code는 마치 보이지 않는 계약처럼 구성원들에게 일정한 행동을 요구하며, 이를 어겼을 때는 사회적·법적 제재를 수반할 수 있다. 반면, standard는 품질이나 절차의 일관성을 유지하기 위한 기술적 기준으로 주로 제도적 승인이나 인증과 연결된다. guideline은 가장 유연한 형태로, 구성원들에게 더 나은 선택지를 제안하는 역할을 한다.

따라서 우리는 어떤 상황에서 어떤 단어를 선택해야 할지 명확히 알고 있어야 한다. 규율이 엄격한 조직에서는

code가 중심이 될 것이고, 품질 관리나 공정 기준이 중요한 산업 분야에서는 standard가 중심이 된다. 정책 권고나 업무 지침처럼 유연성이 요구되는 영역에서는 guideline이 적합하다.

결국 이 세 단어를 구분해 정확히 이해한다면 단어 하나의 문제가 아니라, 조직의 규범, 사회의 질서, 전문직의 윤리를 이해하는 데 필수적인 언어 감각을 지니는 데 도움이 될 것이다.

∘ 나라

nation · state · country

---

nation 민족의 기원이 같고 같은 언어를 구사하는 사람들이
모여서 구성된 종족
state (정부 조직이 있는) 국가
country (정치·지리학적인 구분이자 법적 행정구역으로서의)
나라

『영어 성경』구약 편에서는 nation이라는 단어를 자주 찾
아볼 수 있다.「시편」59편 5절에서 다윗은 이렇게 노래
한다. "주님은 만군의 하나님 여호와, 이스라엘의 하나님
이시오니 일어나 모든 나라들을 벌하소서."(개역개정 성
경) "만군의 하나님 여호와, 이스라엘의 하나님이여 일어
나 열방을 벌하소서."(킹제임스 성경 한글판) 이 구절은
NIVNew International Version 영어 성경에 이렇게 쓰여 있다.
"You, Lord God Almighty, you who are the God of Isra-
el, rouse yourself to punish all the nations." 다윗이 이
스라엘의 적이라고 일컬으면서 벌해 달라고 하나님께 기

도하는 저 '나라'들이 바로 영어로 nation이다. 정확하게 말하면 가나안의 일곱 나라Seven nations of Canaan로, 헷, 아모리, 여부스, 브리스, 기르가스, 히위, 가나안 족속을 가리킨다. 이스라엘도 당시에는 하나의 nation이었다.

당시 고대 근동 지역의 국가 발생 형태는 nation으로, 한 민족이 하나의 국가를 이루는 형태였다. nation의 정의를 찾아보면, '민족의 기원이 같고 같은 언어를 구사하는 사람들이 모여서 구성된 종족'을 말한다. 그래서 '나라'라고 번역하기보다는 '열방'이나 '겨레'로 번역하는 게 더 맞는 표현이 아닐까 싶다.

어원을 찾아보면, 'na-'라는 어근은 프랑스어와 라틴어로 '태어난'이란 의미다. 따라서 '하나의 민족으로 태어난 무리'라는 의미가 있음을 알 수 있다. 현저 nation은 All Nations Church(열방교회) 같은 표현에서나 찾아볼 수 있다. 현대에는 국가의 형태가 발달하면서 더 이상 국가를 nation이라고 부르지 않는다. 하지만 이렇게 표현하는 것은 가능하다. "Is Korea a nation-state?" 이 질문은 한국은 하나의 민족이 하나의 국가를 이루고 있느냐는 뜻이다. (이 질문에 정확히 답하자면 한국은 한 민족이 두 개의 나라를 구성하고 있지만, 대한민국은 법적으로 북한을 국가로 인정하고 있지 않으니 하나라고 하는 게 원칙적으로는 맞다고 할 수 있다.) '한 민족, 한 국가'라고 말하고 싶다면, 'One nation, one state'라고 표현하면 된다. 거꾸로 nation이기는 하나 state는 아닌 경우도 존재하는데, 쿠르드족Kurds이 이에 해당한다.

state는 정치적 개체entity로서의 국가, 즉 '정부 조직이 있는 국가'를 뜻하며, 과거 로마제국처럼 하나의 state 안에 여러 nation이 존재할 수도 있다. state는 status rei publicæ(공화국이라는 상태 혹은 존재)라는 라틴어에서 비롯되었다. state가 국가라는 의미로 본격적으로 사용된 것은 17세기 초반 영국 식민지 치하의 미국에서부터였다. 이전의 국가는 왕국kingdom 형태였다가 이때부터 state의 형태로 발전한 것이다. 미국의 국호도 13개의 국가states들이 이룬 연합이라는 의미로 the United States of America가 되었다.

한편 country는 일상생활에서 '나라'라는 의미로 가장 흔히 사용되는 단어로, 정치·지리학적인 구분이자 법적 행정구역을 가리키는 용어다. 주의해야 할 것은 country의 뜻은 크게 세 가지라는 점이다. 먼저 country는 '나라, 국가'라는 의미와 '시골, 전원'이라는 의미가 있다. 후

자의 의미로 쓸 때 주로 정관사를 붙여서 the country라고 한다. 또, 음악의 한 장르인 '컨트리, 컨트리 뮤직'을 의미하기도 한다.

◦ 날씬한

slim · lean · thin · skinny

slim （긍정적인 의미로） 날씬한, 늘씬한, 호리호리한

lean （긍정적인 의미로） 지방이 없이 근육질인; 비계가 없는

thin （긍정적이기도, 부정적이기도 한 의미로） 얇은, 가는;
마른

skinny （부정적인 의미로） 마른, 가죽만 남은

외연적(표면적) 의미, 그러니까 사전적 의미가 같으면 denotation이 같다고 말한다. slim, lean, thin, slender, skinny, bony 등의 형용사는 모두 not overweight(과체중이 아닌)이라는 의미로 denotation이 같다. 그러나 이 단어들은 connotation, 즉 함축적 의미가 다 다르다. 쉽게 말하면 뉘앙스가 다르다. 어떤 단어는 긍정적이지만, 어떤 단어는 부정적이고, 어떤 단어는 긍정적이지도 부정적이지도 않은 중립적인 의미다.

slim과 slender는 '날씬한, 늘씬한 혹은 호리호리한'이라는 긍정적인 뜻이고, 여성에게 더 많이 쓰는 형용사

다. lean이라는 형용사는 주로 남성에게 쓰는데, 지방이 없이 근육질인 몸을 일컬을 때 lean이라고 묘사한다. 비계가 없는 살코기는 lean meat라고 하는데, 정육점에서도 그렇게 라벨을 붙여서 판다.

그에 반해 skinny는 직역하면 '피부 거죽만 남은'이라는 의미라서 마른 사람을 부정적으로 묘사할 때 주로 쓴다. 뼈만 앙상하다는 뜻의 scrawny 역시 말라깽이를 일컫는 형용사로, 루시 모드 몽고메리의 『빨강 머리 앤』에서 앤을 묘사하는 형용사로 여러 번 등장한다. bony 역시 마찬가지다. lanky라는 표현도 있는데, 이는 살찌지 않고 말랐다는 의미보다는 키가 크고 손발도 야위고 길어서 흐느적거리듯 움직이는 상태를 묘사할 때 쓴다. 이에 비해 thin은 중립적인 표현이지만 때에 따라 걱정하는 어조로 말랐다고 할 때 같은 약간 부정적인 맥락에서도 쓸 수 있다.

물론 누군가가 크건 작건, 뚱뚱하건 말랐건, 남의 신체 상태를 (특히나 당사자 앞에서) 묘사하는 것은 좋은 생각이 아니다. 한국인은 가혹한 비판의 눈으로 서로를 바라보며 판단하는 경향이 있어서 타인의 신체를 다무렇지 않게 묘사하곤 하는데, 칭찬이라고 해도 함부로 하지 않는 것이 좋다. 특히 '다리가 길다' 혹은 '얼굴이 작다'와 같은 말

scrawny	뼈만 남은 → 부정적
skinny	마른 → 다소 부정적
thin	마른 → 중립적, 맥락과 어조에 따라 살짝 부정적으로도 쓰일 수 있음
slender	우아하고 날씬한 → 중립적이지만 긍정적인 느낌에 가까움
slim	건강하고 매력적으로 날씬한 → 긍정적
lean	군더더기 지방 없이 강인하고 날씬한 → 매우 긍정적

은 영어권에서는 칭찬이 아니고, 굉장히 이상하게 받아들이는 표현이므로 하지 않는 게 좋다. 영어권에 가서 코카서스계 인종에게 "Your hair is so strong!"(네 머리카락은 참 튼튼하구나!)이라는 말을 들으면 자못 당황스러운 느낌이 드는 것을 생각하면 된다. 금발 백인들은 동양인에 비해 머릿결이 아주 약해서 부슬부슬거리며 힘없이 늘어지기 때문에 샴푸 광고도 머릿결을 강하게 만들어 준다고 홍보한다.(한국에도 수입해 들어와 있는 똑같은 브랜드인데도!) strong hair가 그들의 기준으로 보면 칭찬이지만 우리에게는 딱히 칭찬이 아닌 것처럼, 긴 다리와 작은 얼굴은 영어권 사람들에게 매우 어색하게 들릴 수 있다.

introverted · shy

introverted 내향적인
shy 수줍은, 내성적인

MBTI가 꽤 오랫동안 유행하고 있다. 이제는 처음 만나는 사람에게 MBTI를 묻는 일이 매우 자연스럽다. 개중에서도 I와 E 중에서 어느 쪽인지 묻는 이들이 특히 많아졌다. I는 Introvert의 약자, E는 Extrovert의 약자라고 많이들 알고 있다. 한국어로 보통 introvert는 '내향적인 사람', extrovert는 '외향적인 사람'이라고 번역한다. 문제는 '내향적인 사람'을 '내성적인 사람'과 동의어로 착각하는 이들이 많다는 점이다. 물론 내향적인 사람이 내성적일 확률이 더 높기는 하지만, 내향적introverted이라고 해서 꼭 내성적shy이라는 건 아니다. 따라서 이 둘은 구별해서 이해할 필요가 있다.

심리학에서는 낯을 가리거나 부끄러워하거나, 수줍어하거나 어색해하는 이들을 introvert라고 말하지 않는다. 그보다는 혼자 있을 때 에너지가 충전되어서 혼자만의 시간과 공간이 꼭 필요한 사람을 introvert라고 한다. 반면, 사람들과 어울릴 때 활력을 얻고 외부 자극에서 에너지를 받는 사람을 extrovert라고 한다. 즉 어떤 사람이 사교적으로 보이고 말을 잘하더라도, 그게 피곤하게 느껴지고 혼자 있는 시간을 통해 재충전해야 한다면 그 사람은 introvert일 수 있다. MBTI 결과에서 I가 나왔다고 해서 그 사람이 무조건 조용하고 소극적이며, 사람 만나는 걸 꺼리는 내성적인 사람shy person은 아니라는 얘기다. 이 점에서, '내향적'과 '내성적'은 서로 다른 개념임을 인식할 필요가 있다. 물론 MBTI 검사 자체가 그다지 과학적인 검사는 아니므로 이에 크게 의존할 필요는 없지만.

- As an introvert, I prefer deep one-on-one conversations over group discussions. 내향적인 사람으로서 나는 여럿이 하는 토론보다 1:1 깊은 대화를 선호한다.
- Though introverted by nature, he leads the team with quiet confidence. 그는 본래 내향적인 성격이지만, 조용한 자신감으로 팀을 이끌고 있다.

한편 shy는 꼭 수줍어한다는 외적인 행동단 가리키는 것은 아니다. 단순히 수줍어하는 성향을 넘어 소심하고 겁이 많은 성향, 낯선 사람이나 상황을 피하려 하고, 모임에서 말 걸기를 주저하거나 긴장하며 예민하고 조심스럽거나 혼자 있는 걸 선호하는 성향 등 다양한 성향을 포괄하는 단어다.

- She's a little shy around strangers. 그녀는 낯선 사람들 앞에서 조금 수줍어한다.
- Who said Asian students are shy? They may be literally shy in the classroom, but aren't they the same ones running and shouting in the hallway once class is over? 누가 아시아 학생들을 수줍어한다고 했던가. 이들은 교실 안에서는 말 그대로 수줍어하지만, 수업이 끝나면 복도에서 소리를 지르며 뛰어다니지 않는가?

1990년대 말 영어교육 학술논문들에는 동아시아 국가에 영어를 가르치러 간 원어민 교사와 연구자 들이 동아시아 학생들이 수업 시간에 말을 하지 않는다는 점에 주목하며 어떻게 하면 이들이 스피킹을 하게 만들 수 있을지, 왜 말을 하지 않는지를 탐구한 글들이 많았다. 1980년대

말 등장한 의사소통식 교수법communicative language teaching이 '영어 학습에는 원어민 교사가 필요하다'는 전제로 전 세계에 원어민 영어교사라는 거대한 일자리 시장을 만들었고, 이에 따라 동아시아를 포함한 여러 나라에 원어민들이 진출해 영어를 가르친 지 약 10년이 지난 시점이었기에 이런 고민이 쏟아져 나온 것이다.

초기에는 동아시아 학생들이 국민성 때문에 shy하다는 주장이 많았지만, 수업 시간에는 잠잠해도 쉬는 시간에는 활발하게 대화하는 모습을 근거로 반론이 등장했다. 결국 이런 현상은 유교 중심의 교실 문화 때문이라는 결론에 무게가 실렸다. 물론 동아시아인들이 shy하다는 말이 완전히 틀리지는 않다. 이탈리아에서 영어를 가르친 영국 원어민 교수들은 이탈리아인들은 영어 회화 시간에 서로 말하겠다고 적극적으로 나서서 오히려 진정시키기 힘든 경우가 많았다고 토로하곤 했지만 동아시아인들을 가르치는 교수들이 이런 경험을 얘기한 적은 없다.

shy와 비슷한 의미를 가진 단어로는 timid, bashful, diffident 등이 있다. timid는 보통 '소심한'으로 번역되며, 쉽게 겁먹고 위축되는 성향을 뜻한다. bashful은 '수줍어하는'으로, 낯선 사람 앞에서 얼굴을 붉히고 말을 걸기 어려워하는 모습을 묘사할 때 쓰인다. diffident는 '자신감이 부족한, 주저하는'이라는 의미로, 글쓰기나 심리학 관련 글에서 자신이 없는 사람을 표현할 때 자주 등장한다.

- He was too timid to speak up during the meeting. 그는 너무 소심해서 회의 중에 말하지 못했다.
- The bashful child hid behind his mother. 그 수줍은 아이는 엄마 뒤에 숨었다.
- She spoke in a diffident voice, unsure if her opinion mattered. 그녀는 자신의 의견이 중요하지 않을까 봐 자신 없는 목소리로 말했다.

한편 shy와 관련된 흥미로운 표현으로 'shy bladder'가 있다. bladder는 '방광'이라는 뜻으로, 소변이 마렵다고 할 때 "My bladder is full"(소변이 꽉 찼어) 같은 표현을 쓰기도 한다. shy bladder는 다른 사람이 있는 곳에서 화장실에 가지 못하는 증상을 가리킨다. 공중 화장실에 대한 공포로 인해 소변을 참는 사람을 '수줍은 방광'이라고 재미나게 표현한 것이다. "She has a shy bladder"처럼 have 동사를 이용해 표현할 수도 있다.

smell · odor · scent

smell 냄새

odor 악취

scent 향기

감각 기관은 외부 세계의 정보를 받아들이는 최전선이다. 그래서 인간은 감각을 통해 세상을 해석하고, 그 경험을 묘사하기 위해 수많은 단어를 만들어 냈다. '냄새'를 표현하는 단어도 마찬가지다. 언어마다 다양한 냄새 표현이 존재하는 것은 당연한 일이다.

영어에서 가장 기본적인 '냄새'라는 단어는 smell이다. 좋든 나쁘든 냄새 전반을 가리키며, 중립적인 표현이다. 반면, odor는 라틴어 odor에서 왔으며, 주로 불쾌한 냄새를 가리킨다. 건강, 과학 관련 문맥뿐 아니라 일상에서도 부정적인 냄새를 말할 때 흔히 쓰인다.

The doctor noticed a strong odor that could indicate

an infection. 그 의사는 감염을 나타낼 수 있는 강한 악취를 알아차렸다.

scent는 '냄새를 맡다, 풍기다'라는 뜻의 옛 프랑스어 sentir에서 왔고, 현재도 일상생활에서 자주 쓰인다. '향기'라고 번역되어 주로 좋은 냄새를 가리키지만, 때로 냄새를 추적한다고 말할 때 쓰이기도 한다. scent에 '다른 동물에게 신호로 보내는 냄새'라는 뜻이 있기 때문이다.

The dog eagerly followed the scent of the missing cat, sniffing along the street. 그 개는 거리를 따라 킁킁거리며 사라진 고양이의 냄새를 따라갔다.

냄새 관련 단어는 이외에도 많은데, 악취부터 향기까지 어떤 냄새가 더 부정적이고 어떤 냄새가 더 긍정적인가 하는 순서로 나열해 보면 다음과 같다.

stench < stink < odor < smell < scent < aroma < fragrance < essence stench는 가장 부정적인 말로, 명사로만 사용되며 '악취'라고 생각하면 된다. unbearable stench(참을 수 없는 악취), foul stench(지독한 악취), powerful stench(강한 악취), rotten stench(썩는 악취), lingering stench(남아 있는 악취)와 같이 사용된다.

The powerful stench of sewage overwhelmed the senses as they walked past the old water treatment plant. 그들이 낡은 하수처리장을 지나칠 때 강력한 하수의 악취가 감각을 압도했다.

stink 역시 강한 악취를 나타내는 표현이다. 하지만 stench와 비교하면 약간의 뉘앙스 차이가 있다. 영영사전에서는 stench를 '오랫동안 잔류하거나 영향을 미치는 악취'라고 설명하는데, 이 점에서 일시적이고 강렬한 냄새를 묘사하는 stink와 구별된다. stink는 terrible/awful stink(끔찍한 냄새), high stink(코를 찌르는 냄새), rancid stink(산패되어서 나는 악취), unmistakable stink(무시할 수 없을 정도로 분명한 악취)와 같은 용법으로 쓰인다. 또한 stink는 동사로도 널리 사용된다. 무언가에서 고

약한 냄새가 날 때 'Something stinks'라고 도현할 수 있다. 어떤 상황이 수상하거나 잘못되었다는 의미로 "뭔가 이상해"라는 뜻도 된다. 게다가 누군가 어떤 일을 정말 못할 때에도 "You stink!"라고 말할 수 있다. 예를 들어 "You stink at this game!"이라고 말하면 "너 이 게임 정말 못하는구나!"라는 의미다.

The high stink of the landfill could be detected from miles away. 매립지에서 풍기는 코를 찌르는 악취는 몇 마일 밖에서도 맡을 수 있었다.

이 밖에도 reek 역시 악취를 말하는데, 명사보다는 동사로 (of와 함께) 더 많이 쓰여서 '~한 악취를 풍기다'라는 의미로 많이 쓰인다.

The damp basement reeked of mildew and must, making it difficult to spend much time there. 그 습한 지하실은 곰팡이와 눅눅한 냄새가 나서 거기서 오래 머무르기가 힘들었다.

foulness는 나쁜 냄새, 더러움을 뜻하는 명사지만 사용 빈도는 낮은 편이다. miasma는 원래 공기 중에 떠다니는 독기라는 의미에서 출발해 오늘날에는 불쾌한 냄새나 분위기 혹은 부정적인 기운을 나타낼 때 쓰인다. 다만 문어적인 느낌이 강해 구어체에서는 거의 사용되지 않는다. miasma of depression(우울한 기운), miasma of corruption(부패의 기운), miasma of suspicion(의심의 기운)과 같이 어떤 기운을 묘사할 때 종종 등장한다.

좋은 냄새를 가리키는 말로는 aroma, fragrance, perfume, essence 등이 있다. 이중 aroma는 보통 와인과 커피, 음식 혹은 자연에서 풍기는 좋은 냄새를 지칭하는 데 많이 쓰인다.

The aroma of freshly brewed coffee filled the cafe. 갓 내린 커피의 향기가 카페를 가득 채웠다.

fragrance는 꽃이나 향수처럼 우아하고 섬세한 향기를 가리키며, 종종 감성적이고 문학적인 문맥에서 쓰인다.

She wore a soft fragrance that reminded him of spring.

그녀는 봄을 떠올리게 하는 은은한 향기를 풍겼다.

perfume은 본래는 향수 자체를 가리키지만, 비유적으로 아주 좋은 냄새를 묘사할 때도 사용된다. 꼭 향수가 아니더라도 perfume of flowers(꽃들의 향기), perfume of the sea(바다 내음)와 같은 용법으로도 쓰인다.

The kitchen was filled with the perfume of herbs and spices as she prepared the evening meal. 부엌은 그녀가 저녁 식사를 준비하면서 허브와 양념의 향기로 가득 찼다.

essence는 보통 '본질, 정수'라는 뜻으로 쓰이지만, 농축된 향을 의미하기도 한다. 한국에서 쓰이는 화장품 '에센스'도 여기서 비롯된 말이다.

The lotion captured the essence of rose, leaving a gentle floral scent on her skin that lingered for hours. 장미의 향기를 담은 그 로션은 몇 시간 동안 그녀의 피부에 부드러운 꽃향기를 남겼다.

partner · companion

partner 정서적·법적으로 동등한 파트너
companion 법적 구속력이 동반하지 않는 동반자, 반려인

애인이나 동거인을 partner라고 부르는 표현을 처음 들은 건 1998년, 영국 유학 시절이다. 당시 40대였던 영국인 클래스메이트 콜레트가 함께 사는 남자친구를 partner라고 부른 것이었다. "왜 boyfriend라고 하지 않아요?"라고 묻자, 콜레트는 "이제 나이도 있고, 오랫동안 같이 살았으니까"라고 답했다. 이후 21세기에 들어서며 게이 친구들이 연인을 가리켜 partner라고 부르는 모습을 자주 보게 되었다. "사람들은 왜 자꾸 girlfriend 있냐고 물어?"라고 툴툴대며 자연스럽게 "내 partner는 말이지…" 하고 이야기를 이어가곤 했다.

이제 partner는 성별과 관계없이 연인을 지칭하는 보편적인 표현으로 자리 잡았다. 결혼했든, 동거 중이든, 따로 살며 연애하는 사이든, 이성 커플이든 동성 커플이든

상관없이 모두 partner라고 부를 수 있다. 하지만 partner
는 연애 관계에서만 쓰이는 말은 아니다. 비즈니스에서도
business partner라는 표현이 흔히 쓰이며, 이는 협력 관
계에 있는 회사나 개인을 포괄적으로 지칭한다.

- Christine introduced me to her partner at the dinner
  party. 크리스틴은 저녁 파티에서 자기 연인을 내게 소개
  했다.
- Our company is looking for a reliable partner in the
  European market. 우리 회사는 유럽 시장에서 신뢰할 수
  있는 사업 파트너를 찾고 있다.

partner는 공동의 목표를 향해 함께 일하고, 책임을
나누며, 상호 의무를 갖는 사람을 의미한다. 이 말에는 법
적 또는 계약적인 의미가 담기기도 한다. 따라서 business
partner는 물론, 결혼한 배우자도 partner로 부를 수 있다.
보통 비교적 장기적이고 안정적인 관계에서 이 단어가 사
용된다.

한편 partner가 대개 인간을 가리키는 것에 비해
companion은 인간뿐 아니라 비인간에게도 쓰인다. 사람

을 가리킬 때는 '시간과 경험을 함께하는 사람'이라는 의미로, 예컨대 travel companion(여행 동반자)처럼 플라토닉한 관계를 나타낸다. 성별은 중요하지 않으며 감정적 친밀감이 중심이다. 반려동물의 경우 animal companion이라는 표현이 사용되며, 최근에는 '주인'owner 대신 '반려인'human companion이라는 말도 쓰인다. 나아가 향후 휴머노이드 로봇이 등장하면 robot companion이라는 표현도 보편화될 가능성이 있다(이미 많은 SF 영화에서 그런 용례가 등장한다).

- He was my travel companion during the backpacking trip across Europe. 그는 유럽 배낭여행 동안 나의 여행 동반자였다.
- Dogs are often considered loyal companions to humans. 개는 종종 인간의 충직한 동반자로 여겨진다.

우리 삶에 partner가 필요한지 아니면 companion이 필요한지 한번 생각해 볼 필요가 있다. partner가 더 긴밀한 관계처럼 느껴지지만, companion 역시 평생을 함께하는 동반자로서, 서로에 대한 구속력은 없어도 느슨하고 친밀하며 외롭지 않은 관계를 상상하게 만든다.

요즘 사람들은 친밀하고 빡빡한 관계보다는 느슨한 관계를 더 선호하는 것 같다. 어쩌면 partnership이 companionship으로 변해가고 있는 과정일지도 모른다. 실제로 가족의 미래에 대한 글을 보면, 지금과 같은 가족 형태(직계 핵가족, 가부장적 가족)는 17세기에 형성되었음을 알 수 있다. 가족의 형태는 지금까지 계속 변화해 왔듯 앞으로도 계속 변할 것이다. 어떤 이들은 혈연관계에 묶여 있는 전통적인 가족보다 느슨한 친족 공동체loose kinship가 가족의 미래일 것이라고 말하기도 한다. 그런 점에서 companionship에 대해 다시 한번 생각해 볼 만하다.

land · ground · earth · soil · dirt

외국인이 쓴 한국어 문장을 본 적이 있다. "트럭이 땅을 싣고 갑니다"라는 문장이었는데, 보자마자 한참을 웃었다. 마침 한글을 배우던 내 아이도 "트럭이 땅을 파요. 트럭이 땅을 싣고 가요"라고 쓴 적이 있었기 때문이다.

사실 모국어 학습자가 저지르는 오류와 외국어 학습자가 저지르는 오류 사이에는 공통점이 많다. 영어교육을 전공하며 이 사실을 알고 있었던 나는, 한국어에서도 마찬가지로 모국어 학습자와 외국어 학습자가 비슷한 오류를 저지른다는 것을 직접 확인한 순간이었다. 그러니 한국어 학습자들에게 '땅'과 '흙'이 헷갈릴 수밖에 없겠다는 생각이 들면서, 동시에 영어 학습자인 우리가 land, soil, dirt를 헷갈리는 것 역시 당연하다는 생각이 든다.

land와 ground는 공간적인 개념이 강해서 파내어 옮길 수는 없고, earth, soil, dirt는 물질적인 개념이기 때문

에 파내고 옮길 수 있다. land는 사고파는 매매의 대상이
될 수는 있어도, 퍼서 옮길 수는 없다.

- The couple bought a piece of land and plan to build a
  house on it. 그 커플은 땅 한 필지를 사서 그 위에 집을 지
  을 계획이다.
- The workers dug into the land to lay the foundation. 일
  꾼들은 건물의 기초를 마련하려고 땅을 팠다.

참고로 land는 '육지'라는 뜻으로도 쓰이는데, 이 경
우 shore와 유사한 의미다. 즉 바다나 공중에서 착륙하거
나 상륙할 수 있는 '육지'를 의미할 때 쓴다. 선원이 망루에
올라 사방을 살피다 마침내 기다리던 육지를 발견하면 "육
지다!"라고 외친다. 영어로는 "Land ho!"라고 한다. (ho!
는 지금은 거의 쓰이지 않지만, 과거 선원이나 군인들이 사
용하던 감탄사다.)

　　ground는 '바닥'이라는 의미가 강하다. 영국에서 1층
을 ground floor라고 부르는 것도 이 때문이다. '땅바닥'을
연상하면 이해가 쉽다. 다만 ground는 퍼서 옮기는 물질
이 아니라, 표면이나 바닥으로 여겨지는 개념이다.

단어	의미	설명
land	땅, 토지	공간적 개념, 땅덩이 자체, 운반 불가
ground	지면, 바닥	지표면, 표면 중심 개념
earth	대지, 흙	자연적 흙, 운반 가능
soil	토양	재배용·과학적 흙
dirt	흙, 먼지	일상적·비공식적 흙, 때

The children dug holes in the ground to plant flowers.
아이들은 꽃을 심기 위해 땅에 구멍을 팠다.

earth는 '대지', '흙', '지구'라는 뜻이로, 그중 '흙'이라는 뜻으로 쓰일 때는 비교적 넓은 범위를 포괄하고 문학적인 뉘앙스를 지닌다. 가산명사가 아닌 불가산명사로 쓰이며, 지층이나 대지와 같은 땅덩어리를 가리킨다.

- The archaeologists carefully dug through layers of earth. 고고학자들은 조심스럽게 지층을 파냈다.
- Trucks carried away tons of earth during the construction. 공사 중에 트럭이 수 톤의 흙을 실어 날랐다.

soil은 작물 재배에 적합한 '토양'을 의미한다. 과학이나 농업 분야에서 쓰이며, 일반적인 흙보다 더 그체적이고 기능적인 용어다.

They dug into the rich soil to plant tomatoes. 그들은 토마토를 심기 위해 비옥한 토양을 팠다.

dirt는 일상적인 맥락에서 쓰이는 '흙' 또는 '먼지'를 뜻한다. 보통 '묻어서 더러워지는' 느낌이 있는 흙이며, 우리가 잘 알고 있는 dirty라는 단어가 여기서 파생되었다.

- After hiking, her shoes were covered in dirt. 하이킹 후 그녀의 신발은 흙투성이가 되었다.
- We planted carrots in the backyard dirt. 우리는 뒷마당 흙에 당근을 심었다.

이 경우의 dirt는 soil로 바꿔 써도 무방하다. 다만 soil이 보다 객관적이고 과학적인 느낌을 주는 반면 dirt는 일상적이고 감각적인 뉘앙스를 지녀 어감이 달라질 수 있다는 점을 알아 두자.

○ 만족

contentment · satisfaction

contentment 만족 혹은 평온. 현재 상태에 대해 불만 없이
만족하고 있는 상태
satisfaction 만족 혹은 충족감. 어떤 기대나 욕구가
충족되었을 때 느끼는 기쁨이나 기분 좋은 상태

고등학교 시절 한 글을 읽다가 오유지족吾唯知足이라는 한자어 표현을 알게 되었다. 불교에서 비롯된 이 표현은 '나는 오직 만족할 뿐이다'라는 뜻으로, 주변 상황이 어찌 되었든 내면의 만족함으로 세상을 사는 태도를 가리킨다. 이 글에서는 동양과 서양이 욕망을 대하는 태도가 다르다고 비교하면서, 동양인은 욕망을 줄여 행복에 도달하려 하는 반면 서양인은 욕망을 끝도 없이 채워 행복에 도달하려고 한다고 말하고 있었다. 성경 창세기에서 하나님이 인간에게 내리는 제1명령조차도 "생육하고 번성하여 땅에 충만하라, 땅을 정복하라, 바다의 고기와 공중의 새와 땅에 움직이는 모든 생물을 다스리라"(개역개정「창세기」1장 28

절)인 걸 보면, 소유해서 채우고자 하는 삶의 방식이 서양의 근원적인 태도가 아닐까 싶다.

그러다 대학에 들어와 영문학을 공부하던서 다양한 어휘들을 접하게 되었고, 동양적인 만족은 contentment라는 단어의 뜻과 유사하다는 것을 알게 되었다. content-ment의 형용사형인 content는 한계 속에서 그대로 머무르는 상태를 가리킨다. 이 단어는 라틴어에서 온 말로, '함께'라는 의미의 con-에 '붙잡아서 그대로 있다'는 hold의 의미를 지닌 -tenere가 결합해 오늘에 이르렀다.

한편 satisfaction은 사제나 교회의 권위자가 정한 속죄 행위를 수행함으로써 그 요구를 충족한다는 의미의 라틴어 satisfactionem에서 비롯되었다. 지금의 '만족'이라는 의미가 생긴 것은 14세기부터다. 무언가를 수행해서 종교가 요구하는 바를 충족한다는 본래의 의미는 점차 희미해지고, 어떤 행동을 통해 요구나 결핍을 메운다는 뜻으로 쓰이게 되었다.

contentment는 있는 상태를 그대로 받아들이고 고요함과 평화를 느끼는 수동적인 의미의 상태를 뜻한다면, satisfaction은 결핍이나 요구를 스스로 외부에서 채워야 만족감을 느낀다는 능동적인 의미가 있다. 그래서

satisfaction의 동사형 satisfy는 satisfy needs나 satisfy demands처럼 쓰여, '필요 혹은 요구를 충족하다'라는 의미로 쓰인다.

He felt content simply lying on the grass and looking up at the sky. 그는 그저 풀밭에 누워 하늘을 바라보면서 만족감을 느꼈다.

이 예문에서와 같이 contentment는 나서서 무엇을 하지 않고 고요하게 있는 것만으로도 충만함을 느끼는 상태에 가깝다.

She was not satisfied until she had solved the complex math problem. 복잡한 수학 문제를 풀자 비로소 그녀는 만족했다.

이처럼 satisfaction은 어떤 행위를 적극적으로 함으로써 채워야 느껴지는 만족감을 뜻한다.

또한 contentment는 보다 지속적이고 포괄적이며 내

적인 감정 상태를 표현하고, satisfaction은 외적인 요소와
관련되어 일시적인 감정 상태를 표현하는 경우가 많다.

- She has been content with her job for many years now.
  지금까지 여러 해 동안 그녀는 자기 일이 만족스러웠다.
- I'm content with my own company; I don't need a bus-
  tling social life to feel happy. 나는 혼자만으로도 만족
  한다. 행복해지려고 복작거리는 사교 생활을 할 필요는
  없다.

두 번째 예문에서 company는 회사가 아니라 '동료,
동행'이라는 뜻으로, my own company는 나만이 내 동료,
즉 결국 나 혼자라는 의미다. 외적인 요소의 개입 없이 충
만한 내적 상황을 표현하고 있다.

I felt satisfied after completing the marathon, but the
feeling wore off after a few days. 마라톤을 완주했을 때
나는 만족스러웠지만 그 느낌은 며칠 후 사라졌다.

satisfaction은 이렇듯 외적인 행동의 결과로 느끼는

일시적인 만족감을 나타낸다.

　이렇게 contentment와 satisfaction 두 명사를 수동적·능동적, 지속적·임시적, 내부·외부 등을 기준으로 삼아 살펴보면 수월하게 그 차이를 이해할 수 있을 것이다.

goal · objective

goal 목표, 목적
objective 목표, 세부 목표

goal과 objective는 모두 '목표'라는 의미로 자주 번역되지만, 실제 쓰임새를 보면 명확한 차이가 있다. 특히 objective는 때로 '목적'으로도 번역되기 때문에 두 단어의 의미가 더 헷갈릴 수 있다.

하지만 영어 교육계에 종사하는 사람들은 이 두 단어를 별로 헷갈려하지 않는다. 보통 강의계획서를 짤 때 두 개념을 구분하기 때문이다. 교육의 목적이라고 할 때는 goal을 쓰고, 수업의 목표라고 할 때는 objective를 적는 등, 두 단어를 구분해 본 경험이 있기 때문이다. 비즈니스 보고서를 작성해 본 사람들도 이 두 단어를 구분해서 사용한 경험이 있을 것이다.

조금 더 자세히 설명하면, goal은 바라는 바나 이루고자 하는 것에 대한 포괄적이고 일반적인 진술이다. 다소 추상적이고 넓은 의미로 사용되며, 명확한 시간 제한 없이 장기적 관점에서 설정되는 경우가 많다. 마치 먼 산의 정상처럼 우리가 궁극적으로 도달하고자 하는 방향성을 제시한다.

반면에 objective는 도달 지점이 보다 명확하고 구체적인 실행 계획이나 평가 기준이 수반되는 단기적인 목표를 가리킨다. 특정 기간 안에 달성해야 할 수치나 행동, 학습 결과 등을 담고 있으며, 측정 가능measurable하고 평가 가능evaluable하다는 특성을 지닌다. 그래서 이를 '실행 목표'라고 번역하기도 한다. objective에는 마치 다트판처럼 '언제까지 몇 점을 맞혀야 한다'는 식의 구체적인 기준이 있다고 할 수 있다.

- Her main goal in life is to become a renowned author, sharing her stories with the world. 그녀의 삶의 목표는 자신의 이야기를 세상과 나누는 유명한 작가가 되는 것이다.

- Our primary objective for this quarter is to increase customer satisfaction scores by at least 10%. 이번 분기의 주된 목표는 고객 만족도를 최소한 10퍼센트 향상시키는 것이다.

goal과 비슷한 의미로 쓰이지만 구별이 필요한 단어가 또 하나 있다. 바로 end다. end는 일반적으로 '끝'을 의미하지만, 철학적 맥락에서는 '목적'ultimate purpose이라는 의미로 사용되기도 한다. 이는 그리스어 telos에 해당하며, 아리스토텔레스가 사용한 '궁극적인 목적'이라는 개념과 연결된다. 여정을 끝낸 지점, 즉 모든 과정을 통해 최종적으로 도달하게 되는 상태가 바로 end다. end는 이 철학적이고 추상적인 의미 때문에 보통 수사적이고 문학적인 문어체에서 주로 사용되며, 비즈니스 및 교육 등의 맥락에서는 거의 사용되지 않는다.

The end justifies the means. 목적이 수단을 정당화한다.

요컨대 end는 굽이굽이 흐르는 강물이 닿는 저 먼 지점과 같은 '끝'이자 '목적'이라는 의미로 쓰인다. 발표나 보고서에서 the end we seek(우리가 추구하는 목적) 같은 표현을 사용하면, 다소 시적이고 추상적으로 들릴 수 있다. 이 경우엔 our long-term goal(우리의 장기적 목표)처럼 보다 명확하고 구체적인 표현을 쓰는 것이 더 적절하다.

○ 무릎

lap · knee

---

lap 무릎(앉았을 때 허벅지 위쪽)

knee 무릎(다리와 허벅지가 만나는 관절 부위)

한국어로는 lap도 무릎이고, knee도 무릎이다. 하지만 영어로 이 두 단어는 전혀 다른 의미다. 간단히 설명하자면, '아기가 아빠의 무릎에 앉아 있다'라고 할 때의 무릎은 lap이고, '무릎을 꿇다'라고 할 때의 무릎은 knee다.

lap을 더 자세히 설명하자면, 앉았을 때 양다리 위쪽 넓적한 부분을 말한다. 영어로는 노트북 컴퓨터를 laptop이라고 하는데, 이 컴퓨터를 우리가 lap 위에 올려놓고 쓰기 때문이다. 재미있는 것은 영어권 나라에서는 컴퓨터를 어디에 올려놓느냐에 따라 컴퓨터의 종류를 다르게 말한다는 점이다. 개인용 컴퓨터는 본디 책상 위에 올려 두는 형태로 출시되어 desktop이라 불렸고, 이후에 무릎에 올려놓고 쓰는 노트북 형태로 발전하면서 laptop이 되었다. 그다음 단계의 컴퓨터는 손바닥 위에 올려놓고 쓰게 될 거라며 'palmtop'이 온다고 했으나 대신 스마트폰이 그 자리를 꿰찼다. 또 다음 단계로는 머리에 칩을 인식해 머릿속에 컴퓨터가 들어오게 될 거라는 말이 떠돈다. 이 형태는 뉴럴 링크라는 미국 기업에서 개발 중인 두뇌 칩으로 가시화되고 있다.

한편 lapdog과 같이 작아서 무릎에 올려놓고 예뻐하는 강아지를 뜻하는 단어도 있다. 주인 무릎 위를 좋아해서 무릎 위에서만 살려는 강아지를 가리키기도 하다.

My puppy is a true lapdog! 우리 강아지는 무릎 위에서만 살아요!

lap과는 달리 knee는 영어로 넙다리와 정강이 사이에 앞쪽으로 둥글게 튀어나온 부분을 말하며, 주로 한쪽 무릎을 꿇는 행위를 말한다. '무릎을 꿇다'라고 말할 때는 kneel이라는 동사를 써도 되지만 이 단어는 문어적이라서 일상생활에서는 대신 knee를 이용한 숙어를 더 많이 사용한다.

중요한 점은 '무릎을 꿇고 가만히 있는 상태'와 '무릎을 지금 막 꿇고 있는 동작'을 구분해서 사용해야 한다는 점이다. 전자의 상태를 영어로 표현하려면 일단 전치사 on의 의미를 이해할 필요가 있다. 전치사 on의 첫 번째 뜻은 '위에'라기보다 '붙어 있는'이라는 뜻이라고 이해하면 좋다. 예를 들어 "The painting is on the wall"(벽에 붙어 걸려 있다)라는 문장에서는 on을 '위에'라고 알고 있어도 해석이 된다. 하지만 다음 문장은 다르다. "The lights are on the ceiling."(전등이 천장에 붙어 있다.) 전등은 천장 아래에 위치하기 때문에 on을 '위에'라는 뜻으로만 알고 있어서는 안 되며, on에 '붙어 있는'이라는 의미가 있음을 알 수 있다. 이러한 on의 의미를 이해했다면 이제 '무릎을 꿇고 있다'를 영어로 표현할 수 있다. 바로 'He is on his knees'다. 두 무릎을 땅에 대고 있는 상태를 말한다.

그렇다면 "무릎 꿇어!"라고 명령할 때는 knee를 어떻게 활용할까? 이는 get down이라는 구동사와 함께 표현할 수 있다. 영화에서 은행에 강도가 드는 장면을 본 적이 있을 것이다. 은행 강도들이 들어와 직원과 고객에게 "Get down!"(엎드려!)이라고 외친다. get down은 아래로 내려가라는 뜻이라 사람들은 이 말을 들으면 바닥에 붙어 엎드린다. 정확하게 두 무릎을 꿇으라고 말하고 싶으면 이 표현을 활용해 Get down on your knees라고 하면 된다. 두 무릎이 바닥에 붙도록 내려가라는 뜻이다. 방향을 나타내는 to를 사용해서 Get down to your knees라고 말할 수도 있다.

한쪽 무릎을 꿇고 있는 상태는 'on one's knee'로 표현한다. 두 이미지를 연상해 보자. 하나는 주군에게 충성을 맹세하면서 한쪽 무릎을 꿇고 있는 장면, 또 하나는 여자에게 청혼하면서 한쪽 무릎을 꿇고 있는 장면이다. 두 장면을 각각 영어 문장으로 묘사해 보면 다음과 같다.

- He got down on his knee and swore allegiance to the queen. 그는 한쪽 무릎을 꿇고 여왕에게 충성을 맹세했다.
- He got down on one knee and proposed to her. 그는 한쪽 무릎을 꿇고 그녀에게 청혼했다.

그러고 보면 양쪽 무릎을 꿇는 행위는 누군가에게 손이 닿도록 빌 때나 신 앞에서나 하는 것 같다. 신에게 무릎 꿇고 비는 행위는 다음과 같은 문장으로 표현할 수 있다.

He has been on his knees in front of the Virgin Mary statue, crying and praying for two hours. 그는 울고 기

도하면서 성모상 앞에서 2시간 동안 무릎을 꿇고 있다.

구어체가 아니라 문어체라면 다음과 같이 kneel을 활용해도 좋다.

He has been kneeling in front of the Virgin Mary statue, crying and praying for two hours.

○ 보다

look · see · watch

look 보다, 바라보다
see 보이다, 보다
watch 지켜보다, 주시하다

많은 사람들이 see와 watch의 차이를 어느 정도 알고 있다. 일반적으로 watch는 의도를 가지고 보는 것이고, see는 의도하지 않아도 시야에 들어와서 보게 되는 것이라고 구별한다. 그래서 watch는 '의지 동사', see는 '무의지 동사'라고도 하는데, 이는 잘못된 설명은 아니다. 하지만 이 구분만 알고 있으면 watch a movie와 see a movie의 의미 차이를 놓치기 쉽다. watch a movie는 본인이 직접 영화를 재생해서 관람하는 경우에 쓰이며, 집에서 OTT나 DVD로 보는 것도 모두 해당된다.

I watched a movie on Netflix. 넷플릭스로 영화를 봤어.

한편 watch에는 '감시하다, 주의 깊게 살펴보다'라는 뜻도 있고, '조심하다'라는 뜻도 있다.

- During the experiment, the scientists had to watch the reactions of the chemicals very closely. 실험하는 동안 과학자들은 화학물질들의 반응을 면밀하게 지켜보아야 했다.
- Watch your step as you walk down these old stairs; they're quite uneven. 낡은 계단 내려갈 때 조심해. 울퉁불퉁하니까.

반면 see a movie는 정해진 시간에 상영관에서 상영되는 영화를 보러 가는 경우를 가리킨다. 따라서 개봉관에서만 상영 중인 영화를 두고 watch를 사용하면, 불법 다운로드로 영화를 봤다는 오해를 살 수도 있다.

see는 '보이다', '보다'라는 기본 의미 외에도 '이해하다', '만나다', '경험하다' 등 다양한 뜻으로 확장된다.

- I can see a bird perched on that branch. 새 한 마리가 그 나뭇가지에 앉아 있는 게 보여.

- He finally saw the truth about the situation. 그는 마침
  내 그 상황의 진실을 깨달았다.
- I'll see the doctor at three o'clock. 3시에 의사 진료를
  받을 거야.
- We saw many changes during the new manager's first
  few months. 새 매니저가 부임한 첫 몇 달 동안 우리는 많
  은 변화를 경험했다.

또한 see는 특정 연도를 주어로 삼아 그해에 일어난
일을 나타내는 독특한 용법으로도 사용한다.

2021 saw unprecedented global changes due to the
pandemic. 2021년에는 팬데믹으로 인해 전례 없는 세계
적인 변화가 있었다.

look은 '어딘가에 눈길을 두다'라는 의미로, 의식적으
로 특정한 방향을 바라보는 동작을 강조한다. 그래서 "여
기 좀 봐!"라고 할 때는 "See this"나 "Watch this"가 아니
라, "Look at this!"라고 한다. 상대방의 시선을 유도하는
표현이기 때문이다. 이 차이를 잘 보여주는 예가 에릭 칼

의 어린이 그림책 『갈색 곰아, 갈색 곰아, 무엇을 보고 있니?』다. 이 책은 동물들이 서로에게 번갈아 질문하고 답하는 형식으로 진행되는데, 질문에는 see, 답변에는 look at이 등장한다.

- Brown Bear, Brown Bear, What Do You See? 갈색 곰아, 갈색 곰아, 무엇을 보고 있니?
- I see a red bird looking at me. 나를 보고 있는 빨간 새가 보여.

여기서 질문에 see를 사용하는 이유는 네 시야에 들어오는 것이 무엇이냐고 묻고 있기 때문이다. 하지만 답변에서 빨간 새가 나를 see 한다고 말할 수는 없다. 빨간 새가 나를 보려고 하는 것인지, 단순히 시야에 들어와서 보게 된 것인지는 알 수 없기 때문이다. 다만 확실한 것은 빨간 새의 눈길이 이쪽을 향하고 있다는 점이다. 그래서 look at을 사용해 "빨간 새가 나를 보고 있어"라고 표현하는 것이다. 이해가 되었다면 이제 look at의 개념이 한층 더 명확해졌을 것이다.

look은 자동사이기 때문에, 목적어를 받으려면 전치

사 at과 함께 look at 형태로 써야 한다. look at의 쓰임새를 자세히 살펴보자. '보다'라는 의미 외에도 '검트하다'라는 의미로도 쓰이고, 찬탄을 하며 "이것 좀 봐!"라고 말하는 의미로도 쓰인다.

- Look at the sign! It says this road is a dead-end. 저 표지판을 봐! 이 길은 막다른 길이래. → 단순히 '보다'의 의미
- Can you look at my car? There seems to be something wrong with the engine. 내 차 좀 봐줄래? 엔진이 뭔가 이상한 것 같아. → '검토하다'의 의미
- Look at that sunset! It's gorgeous. 저 석양 좀 봐! 정말 아름답다. → '주의를 끌다, 감탄하다'의 의미

look at은 명령문으로 자주 사용된다. 앞서 살펴본 watch 역시 명령문으로 자주 쓰인다. 반면 see는 '보이다'라는 뜻일 때는 명령형으로 쓸 수 없고, '확인하다'의 의미일 때만 가능하다.

- Look at the board while I explain this equation. 내가 이 문제를 설명하는 동안 칠판을 봐.

- See that you finish your homework before you go outside. 밖에 나가기 전에 숙제 반드시 끝내라.
- Watch the gas stove while I'm gone and make sure nothing boils over. 내가 자리 비우는 동안 아무것도 넘치지 않게 가스레인지 좀 살펴봐.

'보다'와 관련된 흥미로운 표현으로 put one's eyes on something이 있다. 여기서 on은 '붙이다'라는 의미를 가지므로, '눈길을 무언가에 고정시키다'는 뜻으로 해석할 수 있다. 즉 "너한테 내 눈(길)을 달아 두었어!"라는 의미로 이렇게도 쓸 수 있다.

I'll put my eyes on you! 내가 널 지켜볼 거야!

손가락 두 개로 자신의 눈을 가리켰다가 상대방의 눈을 가리키는 유명한 제스처와 함께 쓰이는 표현이다.

○ 부끄러운

shy · modest · humble

shy （성격과 관련이 있는 표현으로） 내성적인, 부끄러움이
많은
modest （누군가의 업적과 능력을 낮추는 의미로서） 겸손한,
（비용이나 규모가） 변변치 않은, 보잘것없는
humble （상대방을 높이는 의미에서） 겸손（겸허）한, 초라한,
누추한

이 세 단어의 차이를 눈여겨보게 된 건 대학교 학부 시절
여성의 아름다움을 정의하는 속성이 무엇인지 고민하면
서부터였다. 불과 백여 년 전에 쓰인 서구의 문학 작품을
보면 속눈썹을 파르르 떨면서 볼을 붉히고 눈을 내리까는
여성이 아름답다고 쓰여 있으며, 부끄러워하는 여성이 아
름답다는 통념은 한국에도 여전히 남아 있다. 이런 모습을
왜 아름답다고 느끼는지 궁금했던 터라, 대학생 시절 그리
스신화 속 아프로디테와 20세기 말 인기의 절정을 달리던
가수 마돈나를 비교하는 에세이를 쓴 적이 있다.

　　언젠가 아프로디테의 허리띠(매직 거들magic girdle이
라고도 하고 히마스himas라고도 한다)에 남자들을 유혹하
는 강력한 힘이 있어서 다른 여신들이 앞다투어 빌려가곤
했다는 글을 읽은 적이 있는데, 그 허리띠의 이름이 '부끄
러움의 허리띠'였다고 한다. 하지만 얼마 전에 다시 히마
스라는 단어를 찾아보니 이 단어에는 '가죽으로 된 끈 혹은
밧줄'이라는 뜻만 있고 '부끄러움'이라는 함축적인 의미가
있다는 근거는 영어권 자료에서 찾을 수 없었다. 내가 읽었
던 글은 일본 책 번역서였거나 한국 사람이 쓴 책이었지 싶
다. 그래서 일본과 한국에서 생각하는 여성의 아름다움에
대한 편견이 반영되었던 것 아닐까. 어쨌든, 어린 나는 이
부끄러움이라는 단어를 단순히 shy라고 생각해서 'sexu-
ally shy' 해야 비로소 아름다워지는 아프로디테의 아름다
움을 비판하고 코르셋만 입고 무대를 활보하며 뻔뻔하도
록 당당한 마돈나의 아름다움을 칭찬하며, 이제 아름다움
을 구성하는 속성도 변해야 하지 않겠냐는 에세이를 썼다.

　　이 에세이를 제출한 후 어느 날 원어민 교수가 나를 불
렀다. 이 정도 문제의식이 있으면 미국에서 대학교를 다녀
도 되겠다는 칭찬도 들었지만, 그보다는 'sexually shy'라
는 말이 적절치 않다고 했다. 이 표현을 두고 원어민 교수

들이 연구실에서 한참 토론을 했는데 'sexually modest'라고 수정하는 게 좋겠다고 결론을 내렸다 했다. 그때부터 shy와 modest에 어떤 어감 차이가 있는지 민감하게 주시하기 시작했다.

shy는 사람의 성격과 더 큰 관련이 있다. 보통 내성적인 사람을 shy하다고 표현한다. 성격이 shy한 사람이 부끄러움을 타는 면이 있는 것도 틀린 말은 아니다. 반면 modest는 누군가의 업적이나 능력을 낮추는 뉘앙스가 있다. 또 humble은 자신의 중요성을 낮추면서 다른 이들의 가치와 기여를 인정하고 존중한다는 의미가 있다. modest는 주로 자신을 어떻게 내보이는가에 초점을 두고, humble은 나를 낮추고 상대방을 높이면서 그들에게 감사함을 표현하는 데 초점을 둔다.

즉 modest는 무언가를 남들 앞에 내밀어 보이면서 실제 중요도와 가치보다 작게 포장해서 내미는 말 혹은 외려 실제로 너무 작거나 변변치 않을 때 듣기 좋게 포장하는 말이다. 어딘가에 꽤 큰돈을 기부하고 "얼마 안 됩니다"라고 할 때 modest라고 말하기도 하고, 아니면 외려 너무 적은 돈이라 생각해서 적다는 말을 듣기 좋게 돌려서 말하고 싶을 때 modest를 쓴다.

이에 반해 humble은 "이런 누추한 곳에 당신같이 귀한 분이 오시다니!"라고 상대에 견주어서 나를 낮추려 할 때 우리 집을 humble place라고 일컫는다고 생각하면 이해하기 쉽다.

사람이 겸손하다고 할 때는 modest나 humble 둘 다 써도 되고 의미가 거의 비슷하다. 하지만 modest는 옷차림 따위가 수수하다거나 행동을 절제한다는 의미로 주로 쓰이고, humble은 지위나 배경이 소박하다고 말할 때 주로 쓰이는 경향이 있다.

She is modest about her success와 She is humble about her success는 둘 다 '자신의 성공에 대하여 겸손하다'라는 의미다. 하지만 '옷차림'에 대해 말할 때는 Mary wanted Anne to wear a modest dress(메리는 앤이 수수한 옷을 입기를 바랐다)처럼 modest를 써야 하며, humble로 바꾸어 쓸 수 없다. 반면 Abraham Lincoln came from a humble background(아브라함 링컨은 출신 배경이 변변치 않다)에서 humble은 modest로 바꾸어 쓸 수 없다. 링컨은 정말로 가난한 집안 출신이라서 '초라한, 변변치 않은'에 방점이 찍히는 humble background가 더 적절하기 때문이다. 즉 남의 가난하고 누추했던 배경이 객관적인 사실일 경우 humble background라고 할 수 있지만, modest background라고 할 수는 없다. 다시 말하자면 modest는 마치 집주인이 음식을 차려 놓고 "차린 게 별로 없어요"라고 말하는 뉘앙스이기 때문이다. 손님이 남이 차린 음식에 대해서 "차린 게 별로 없네요"라고 말하기는 힘들지 않은가.

자신의 의견을 겸손하게 제시할 때 쓰는 in my humble opinion은 관용어구라서 humble 대신 modest를 쓰면 매우 어색하다. 한국어로 상상해 보면 '장대비가 쏟아진다'는 표현을 '막대비가 쏟아진다'라고 하지 않는 이치와 동일하다. 틀렸다기보다 그냥 그렇게 쓰지 않는 것이다.

더 나아가, modest는 보통 다음과 같이 '비용'과 관련된 표현과 가장 자주 쓰이며 금액의 규모가 적음을 뜻한다.

- modest investment 얼마 안 되는 투자금
- modest amount of income 변변치 않은 액수의 수입
- modest budgets 얼마 안 되는 예산

다시 sexually modest로 돌아가 보겠다. 이 두 단어

가 자주 같이 쓰이는 표현은 아니지만, 성적인 행동을 절제하고 분별력 있게 행동한다는 점에서 modest가 sexual behavior(성적인 행동)나 태도를 묘사할 때 쓰기에는 shy보다 더 적절하다. shy는 개인의 성격을 묘사하는 표현이라 외려 성격 때문에 성관계를 꺼리거나 불편해한다는 부정적인 의미가 더 강하다. 여성들이 수줍게 행동하는 모습은 특정 문화권에서는 아직도 유혹의 코드로 해석될 수 있기 때문에 수줍은 여성이 아름답다고 느끼는 맥락에 적절하지 않은 표현이다.

이 책의 humble한 설명으로 이해가 되셨는지 모르겠다. 설명의 분량도 modest해서 두 단어가 어떻게 다른지 온전히 담아내기는 어려웠지만, 어감 차이를 조금이나마 이해했기를 바란다.

○ 빠른

fast · quick · rapid

fast 빠른
quick 신속한
rapid 급속한, 매우 빠른

한국어로는 fast, quick, rapid 모두 '빠른'으로 번역되기 때문에 이 단어들의 차이를 이해하기가 쉽지 않다. 예문을 봐도 비슷하게 느껴져서 막상 쓸 때는 어떤 단어를 써야 할지 헷갈리기 쉽다. 하지만 이 세 단어는 '무엇이 빠른가', '어떤 방식으로 빠른가'에 따라 분명한 차이가 있다.

- He runs fast. 그는 빠르게 달렸다.
- She answered quickly. 그녀는 빠르게 대답했다.

위 예문을 보며 차근차근 이해해 보자. 먼저, fast는 움직임의 속도를 뜻한다. 달리기 속도, 자동차 속도, 학습 속도처럼 눈에 보이거나 측정할 수 있는 속도에 주로 쓰인다.

예를 들어 fast car(빠른 차), fast learner(빨리 배우는 사람), fast food(빨리 나오는 음식) 등이 있다.

반면 quick은 약간 다르다. 빠르긴 하지만 '속도'보다 '행동의 신속함'에 초점이 맞춰져 있다. 어떤 일을 재빨리 해내거나 반응, 결정을 빨리 내릴 때 쓰인다. 그래서 quick response(빠른 응답), quick decision(신속한 결정), quick shower(짧고 빠른 샤워), quick thinking(재빠른 판단력) 같은 표현이 자연스럽다.

빠른 인터넷 속도를 말할 때는 the fast Internet이라고 한다. 인터넷 속도는 측정 가능하기 때문이다. 반면, 점심을 짧고 빠르게 먹었다면 quick lunch가 맞고, fast lunch라고 하면 말은 되지만 덜 자연스럽다. "잠깐 얘기 좀 할 수 있을까?"를 영어로 할 때는 "Can we have a quick chat?"가 자연스럽다. fast chat이라고 하면 '빠른 속도로 말하는 대화'가 돼 뜻이 달라진다. "줌으로 강의를 듣는데 연사의 말이 너무 빨라서 따라가기 힘들었다"고 할 때는 "The speaker talked too fast. I couldn't follow"라고 한다.

한편 동작을 빨리 하라고 명령할 때는 "Quick!"이라고 한다. 예를 들어 훈련 중인 병사들에게 "빨리 움직여!"

라고 할 때 "Quick, move!"라고 외친다. 이는 행동을 재촉하는 말이지 속도를 직접 언급하는 표현은 아니다. 여기까지 보면 fast와 quick의 차이가 어느 정도 감이 올 것이다.

She gave a quick answer without thinking much. 그녀는 별로 생각하지 않고 재빠르게 대답했다.

그렇다면 rapid는 어디에 쓰일까? rapid는 fast와 비슷하지만 조금 더 격식 있고 추상적인 느낌을 준다. 보통 변화, 증가, 발전처럼 시간에 따라 빠르게 일어나는 현상에 자주 어울린다. 예를 들어 rapid change(급격한 변화), rapid growth(급성장), rapid development(빠른 발전), rapid recovery(빠른 회복) 등의 표현이 있다.

The city has seen rapid growth over the past decade. 지난 10년 동안 그 도시는 급격한 성장을 이뤘다.

fast train이나 rapid train 둘 다 쓸 수 있지만, 공식 문서나 기술적인 맥락에서는 보통 rapid train이라는 표현을 더 많이 쓴다. 또한 fast는 감성적이거나 문학적인 표현에도 잘 어울린다. 예를 들어 fast friends는 금방 친해진 친구들을 뜻한다. 앞서 설명했듯 quick은 동작에 초점을 둔 표현이므로 quick sex는 빠르게 끝난 육체적 관계를 뜻한다. 반면 fast love는 감정적으로 급속히 빠져드는 사랑을 의미한다. 즉 행동에는 quick, 관계나 감정에는 fast가 어울린다. 감정의 속도와 행위의 속도를 구분해 이해하면 된다.

정리하자면 fast는 '속도' quick은 '신속한 행동' rapid는 '빠른 변화'를 나타낸다고 할 수 있다.

sincere · diligent

sincere 성실한, 진실한, 진심 어린
diligent 성실한, 부지런한, 근면한

영어 원어민은 이 두 단어를 헷갈려하지 않는다. 하지만 우리는 두 단어를 똑같이 '성실한'으로 번역해 쓰기 때문에 헷갈려 한다. sincere를 '성실한'으로 번역하면 틀리냐고 묻는다면, 꼭 그렇지는 않다. 'Sincerely yours'라는 편지 맺음말complimentary close을 '당신의 성실한 친구로부터'라고 곧잘 옮기기 때문이다.

똑같이 번역되면서 생기는 이 혼동은 이렇게 구분하면 극복할 수 있다. sincere의 '성실함'은 태도와 진심에서 비롯된 것으로, 마음을 다하고 거짓 없이 진실한 자세를 뜻한다. 반면 diligent의 '성실함'은 행동과 노력으로 드러나는 것으로, 몸을 부지런히 움직여 꾸준히 무언가에 힘쓰는 모습을 말한다. 즉 sincere는 진심 어린 태도에서, diligent는 근면한 행동에서 비롯된 성실함으로 이해하면 된다.

　한편 sincere는 diligent보다 복잡하고 다층적이라서 좀 더 깊이 살펴볼 필요가 있다. sincere는 겉치레나 거짓 없이 진심에서 우러나온다는 뜻으로, '정직한'이라는 의미를 지닌다. 또한 죄를 짓지 않은 순수한 상태를 나타내기도 한다. 그래서 sincere의 동의어에는 wholehearted(전심을 다하는), heartfelt(진심인), hearty(진심인), unfeigned(꾸미지 않은) 등이 있다. 즉 sincere는 '겉과 속이 다르지 않게 정직한' 혹은 '불순물이 섞이지 않고 진실된'이라는 의미로 생각하면 좋다. 그래서 불순물이 섞이지 않은 와인을 일컬을 때 sincere wine이라고 한다.

　sincere는 다음과 같이 주로 태도와 감정을 나타내는 표현과 함께 어울린다.

- sincere apology 진심을 다한 사과
- sincere compliment 진심 어린 칭찬
- sincere effort 전심을 다하는 노력
- sincere interest 진심 어린 관심
- sincere affection 진실된 애정

　그래서 편지 맺음말로 쓰는 'Sincerely yours'도 상대방에게 최선을 다한다는 의미에서 '당신의 성실한 친구로부터'로 번역하는 것도 나쁘지는 않다. 하지만 좀 더 자연스러우려면 '진심을 담아서' 정도로 번역을 하는 것이 좋다. 외려 다음과 같은 문장에서는 '성실한'으로 번역하는 것이 더 자연스럽다.

I'm not a sincere Christian. 나는 그렇게 성실한 기독교인이 아니야.

이는 진심을 다해 하나님을 믿지 않는다는 의미도 되고, 교회에 꼬박꼬박 출석해 교회 활동을 하지 않는다는 의미도 된다. 비속어를 사용해 표현하자면, "난 날라리 신자야"라는 의미다.

미국 대학교나 대학원 입학을 위한 추천서 컨설팅을 하다 보면, '성실한 학생'을 영어로 sincere student라고 번역한 문장을 종종 접하게 된다. 그러나 이 표현은 어색하다. 이 맥락에서는 hardworking student라고 해야 가장 적합하고 자연스럽다. hardworking and responsible이라고 쓰면 더 좋다. 물론 사람의 품성에 대해 sincere를 쓰고 싶다면, 다음과 같은 맥락에서 적절하게 사용할 수 있다.

She is a sincere and thoughtful individual who genuinely cares about others. 그녀는 다른 사람들을 진심으로 아끼는 성실하고 사려 깊은 사람입니다.

또는 태도를 묘사하는 형용사로도 쓸 수 있다.

His sincere attitude and humble personality make him highly respected by peers. 진심 어린 태도와 겸손한 인격 덕분에 그는 동료들에게 깊은 존경을 받습니다.

때로는 "Are you sincere?"처럼 의문문으로도 쓰인다. 이는 "진심이야?"라는 뜻이다. "Are you serious?"는 농담인지 진담인지 사실 여부를 묻는 반면, sincere는 마음의 진정성을 묻는 표현이다.

한편 열심히 일하며 최선을 다하는 모습을 말하고 싶다면 diligent를 쓴다. diligent는 '정성을 다해 꾸준히 노력하는'이라는 의미를 담고 있어, '근면한' 혹은 '근면 성실한'이라는 말로 번역할 수 있다. 따라서 '근면 성실한 학생'이나 '근면 성실한 일꾼'은 diligent student 또는 diligent worker라고 표현하면 된다. 포기하지 않고 꾸준히 애써서 어떤 일을 수행한다는 의미를 담고 있어, diligent research(성실한 조사), diligent preparation(성실한 준비), diligent effort(꾸준한 노력)와 같은 표현도 자주 쓰인다.

- For the marathon, she trained diligently for months. 그 마라톤을 위해 그녀는 여러 달 동안 성실하게 훈련했다.
- He conducted diligent research to ensure he was making the best decision. 최선의 결정을 내리기 위해 그는 성실하게 조사했다.

마지막으로 sincere, diligent, serious의 차이를 함께 살펴볼 수 있는 문장을 보자.

She takes her responsibilities seriously, speaks sincerely, and works diligently to achieve her goals. 그녀는 자신의 책임을 진지하게 받아들이고, 진심으로 말하며, 목표를 이루기 위해 성실하게 노력한다.

own · possess · belong to

own (법적으로) 소유하다, (실수 등을) 인정하다
possess (일시적으로) 지니다, 빙의하다
belong to ~에 속하다

'가지다'라는 의미를 가진 영어 동사를 떠올리면 가장 먼저 떠오르는 단어는 have다. 가장 기본적이고 범용적인 단어이지만, have는 뜻도 많고 용례도 복잡해서 그 자체로 하나의 챕터를 차지할 만큼 방대한 어휘다. 그래서 여기서는 have를 잠시 제쳐두고, '가지다' 혹은 '소유하다'라는 뜻으로 자주 쓰이지만 그 어감과 맥락이 다른 세 단어 own, possess, belong을 중심으로 살펴보려 한다. 이 세 단어는 모두 '소유하다'라는 공통된 의미를 지니지만, 사용되는 문맥과 전달하는 뉘앙스에는 분명한 차이가 있다.

own은 무언가를 법적으로 또는 공식적으로 소유하고 있을 때 사용된다. 소유권이 명확히 기록되는 자산, 예를 들어 집, 자동차, 회사, 부동산 등을 말할 때 자주 쓰인다.

I own a vintage car that's been in my family since the 1960s. 1960년대 이후 우리 가족이 가지고 있던 빈티지 차 한 대를 가지고 있어.

또한 own은 소유의 개념을 넘어, 자신의 실수나 책임을 인정하고 받아들인다는 의미로도 확장된다.

He owned his mistake and apologized to the team. 그는 자신의 실수를 인정하고 팀에 사과했다.

possess도 '가지고 있다'는 뜻이지만, own보다 덜 공식적이며 어떤 것을 일시적으로 지니고 있는 상태를 말할 때 자주 쓰인다. 뿐만 아니라 추상적인 자질이나 능력을 표현할 때도 잘 어울린다.

- I currently possess the documents you're looking for, but I'll hand them over to you tomorrow. 네가 찾는 서류는 지금 내가 가지고 있어. 내일 넘겨줄게.
- She possesses a remarkable ability to solve problems quickly. 그녀는 문제를 재빨리 해결하는 뛰어난 능력을

지니고 있다.

또한 possess는 초자연적 맥락에서 '빙의되다'는 뜻으로도 자주 쓰인다. "She is possessed"는 뒤에 by the devil이 생략되어 "그녀는 악령에 빙의되었다"는 의미가 된다.

덧붙여 말하면, possess는 사람에게 사용되고 사물에 귀신이 들렸다는 표현은 haunt를 사용한다.

- The house is haunted. 그 집은 귀신에 들렸다.
- a haunted house 놀이공원에 있는 유령의 집

belong은 겉보기에는 소유와 관련된 단어처럼 보이지만, 실제로는 '누구의 것인가'보다 '어디에 속하는가'에 방점이 찍힌다. 즉 소속의 방향성을 가진 동사로, 감정적이거나 관계적인 의미도 함께 담는 경우가 많다.

- The book belongs to the library. 이 책은 도서관 소유다.
- She belongs to this team. 그녀는 이 팀의 일원이다.
- She belongs to me. 그녀는 내 사람이다.

이 마지막 문장은 문학이나 영화에서 낭만적이거나 소유욕을 보이는 맥락에서 등장할 수 있다. 하지만 같은 의미를 I own her 혹은 I possess her라고 하면 대우 어색하거나 위협적으로 들릴 수 있다. 이런 표현은 노예제, 공포 영화 혹은 악마가 말하는 대사 같은 극단적인 상황이 아니라면 거의 쓰이지 않는다.

정리하자면 '가지다'라는 말은 단순히 무언가를 손에 쥐고 있다는 의미에 그치지 않는다. 그것이 법적으로 내 것인지, 일시적으로 내 수중에 있는지, 혹은 누군가에게 소속되어 있다는 감정적 뉘앙스를 담고 있는지에 따라, 영어에서는 서로 다른 단어를 선택해야 한다.

○ 속도

speed · pace

speed 속력, 속도

pace 속도, 보조步調, 걸음걸이

운전면허 실기 시험장이다. 속도계 눈금이 시속 40킬로미터를 막 넘자 감독관이 조용히 말한다.

"제한 속도 30이에요. 줄이세요."

이 문장에서 '속도'는 speed다. 정량적으로 측정 가능한, 숫자로 표현되는 속도는 언제나 speed를 쓴다. 하지만 체육 시간에 달리기 연습 중인 학생이 있다고 치자. 학생이 친구보다 먼저 결승선을 통과하자 선생님이 말한다.

"속도는 빨랐는데, 페이스가 흔들렸어."

여기서 '먼저 도착했다'는 것은 더 빨랐다는 소리이므로 측정 가능한 speed를 말한다. 하지만 '흔들렸다'고 지적받은 것은 pace다. pace는 단순한 빠르기보다 움직임의 리듬과 균형, 호흡을 의미하는 속도다.

- The speed of the car was 80 mph. 그 차의 속도는 시속 80마일이었다.
- Carol maintained a steady pace throughout the marathon. 캐롤은 마라톤 내내 일정한 속도를 유지했다.

하지만 아래 문장에서는 어떨까?

The project continued at a slow pace. 그 프로젝트는 느린 속도로 계속되었다.

여기서 pace 대신 speed를 쓸 수 있을까?

문법적으로 틀리진 않지만, 매우 어색하다. 이는 단어의 의미 문제가 아니라 자주 같이 쓰이는 단어 즈합인 연어 collocation 때문이다. speed는 자동차나 자전거, 기계처럼 물리적인 대상을 묘사할 때 더 어울리는 단어다. 반면 프로젝트, 변화, 진행 상황처럼 추상적인 대상과 어울리는 단어는 pace다.

또 한 가지, pace는 slow나 fast와 자주 어울려 at a slow pace, at a fast pace라고 쓴다. 반면 speed는 at high speed, at low speed, at full speed와 같이 사용된다. pace

는 속도를 '하나의 걸음걸이'처럼 단위로 셀 수 있기 때문에 가산명사로, a pace, two paces처럼 쓸 수 있다. 반면 speed 는 일반적으로 불가산명사이므로 앞에 a를 붙이지 않는다. 물론 예외가 있다. 숫자나 구체적인 단위가 뒤따를 때 가산 명사로 쓴다.

speed와 자주 쓰이는 형용사

- high speed 높은 속도
- low speed 낮은 속도
- top speed 최고 속도
- full speed 전속력
- maximum speed 최대 속도
- average speed 평균 속도
- constant speed 일정한 속도
- burst of speed 갑작스러운 가속

speed와 자주 쓰이는 동사(구)

- increase speed 속도를 높이다
- reduce speed 속도를 줄이다
- gain speed 가속하다

- pick up speed 점점 속도를 내다

- lose speed 속도가 줄다

- reach a speed 특정 속도에 도달하다

  cf. reach a speed of + 수치 ~의 속도에 도달하다

- monitor speed 속도를 감시하다

pace와 자주 쓰이는 형용사

- fast pace 빠른 페이스

- slow pace 느린 페이스

- steady pace 일정한 속도

- comfortable pace 편안한 페이스

- brisk pace 활기찬 속도

- frenetic/frantic pace 정신없이 빠른 흐름

- relaxed pace 느긋한 페이스

pace와 자주 쓰이는 동사(구)

- keep a pace 페이스를 유지하다

- set the pace 페이스를 정하다

- maintain a pace 속도를 유지하다

- adjust the pace 속도를 조절하다

- slow the pace 속도를 늦추다

- pick up the pace 속도를 올리다

- match someone's pace 상대의 속도에 맞추다

speed와 비슷한 단어로 velocity가 있다. speed는 단순히 '빠르기'만 나타내고 이동 방향은 포함하지 않는 반면, velocity는 어떤 방향으로 얼마나 빠르게 움직이는지를 모두 포함하는 '벡터' 개념이다. 즉 좀 더 정확히 말하자면 speed는 '속력', velocity는 '속도'에 가깝다.

The meteor entered Earth's atmosphere at a velocity of 25 kilometers per second, heading towards the northern hemisphere. 그 유성은 지구의 대기권에 초속 25킬로미터로 진입해서 북반구를 향했다.

pace와 비슷한 단어로는 tempo가 있다. 이 단어는 '시간'을 뜻하는 이탈리아어에서 왔고, 원래는 음악에서 리듬의 빠르기를 뜻하는 말이었다. 오페라와 함께 유럽에 퍼지면서 영어에도 음악 용어로 유입됐고, 이후 점차 움직임과 리듬이 중요한 맥락에서도 사용되기 시작했다.

- The conductor raised his baton, signaling the orchestra to increase the tempo of the piece. 지휘자가 지휘봉을 들어 오케스트라에게 그 곡의 템포를 높이라고 신호했다.
- During her workout, she adjusted the tempo of her treadmill to challenge her endurance more effectively. 운동하는 동안 그녀는 지구력을 더 효과적으로 키우기 위해 러닝머신의 속도를 조절했다.

영어 학습에도 tempo라는 단어가 잘 어울린다. 학습이 루틴이 되면, 우리는 그 루틴의 tempo에 따라 움직이게 된다.

English learning requires a routine, and once learning becomes a routine, you will study at this tempo! 영어 학습에는 루틴이 필요하다. 일단 학습이 루틴이 되면, 이 템포에 맞춰 공부하게 될 것이다.

속력speed만 빠르다고 해서 좋은 것은 아니다. 좋은 러너는 일정한 속도pace를 유지하고, 완주를 위해 빠르기

tempo를 조절할 줄 안다. 학습도, 인생도 마찬가지다. 달릴 때보다 멈출 때가 더 중요할 수도 있으니까.

ill · sick

ill 아픈, 병든
sick 몸이 안 좋은, 속이 메스꺼운

"When I'm ill, I meditate. I heal myself."(난 아프면 명상을 한다. 스스로 치유한다.) 영화 『스님의 영어 법문』에 나오는 표현이다. ill이라는 단어는 고대 영어 'yfel'에서 유래했으며, 본래 '악한' 혹은 '병든'이라는 뜻이었다. 16~17세기에 들어 도덕적·정신적 악을 나타내는 의미로 확장되어 ill will(악의)처럼 쓰였고, 그 뜻이 지금까지 이어져 오고 있다. 즉 현재는 의학적인 맥락에서는 '아픈'이라는 뜻으로, 도덕적인 맥락에서는 '나쁜'이라는 뜻으로 쓰인다. 뿐만 아니라 1980년대 힙합을 비롯한 스트릿 문화에서는 '멋진'이라는 반어적인 의미도 생겨, 더욱 다양하게 사용된다.

- He fell ill with fever. 그는 열이 나서 갑작스러 아팠다.

- Illiteracy is a social ill. 문맹은 사회악이다.

『쇼미더머니 3』에 출연한 바비가 「I'm ill」이라는 노래를 부른 적이 있는데, 이 노래에서 ill은 "난 쩔어!"라는 비속어로 쓰였다.

ill은 다음과 같은 조합으로 자주 쓰인다.

- terminally ill 말기 환자인
- critically ill 위중한 상태의
- chronically ill 만성 질환을 앓는
- mentally ill 정신 질환이 있는
- seriously ill 심각하게 아픈

한편 sick은 고대 영어 'sēoc'에서 유래했는데, 초기에는 '아픈' 혹은 '연약한'이라는 뜻으로 쓰이다가 점차 '심하게 아프다', '속이 메스껍다'라는 동사로도 확장되었다. 19세기에는 '역겨운, 끔찍한'이라는 뜻도 추가되었고, 1980년대 힙합과 스케이트보드 문화에서는 ill과 마찬가지로 반어적으로 '멋진'이라는 의미도 생겨났다. 현재는 '아픈', '토할 것 같은', '역겨운', '멋진' 등 매우 다양한 뜻으로 쓰인다.

- I called in sick today. 난 오늘 병가 냈어.
- I feel sick after riding the roller coaster. 롤러코스터 타고 나니 속이 울렁거려.
- It's sick how some people treat animals. 사람들이 동물을 대하는 방식이 끔찍해.
- That skateboard trick was sick! 그 스케이트보드 기술은 죽여 줬어!

sick은 멀미나 정신적 상태를 나타내는 표현에도 다양하게 쓰인다. 메스껍고 토할 것 같은 상황을 표현하는 단어로는 car-sick(자동차 멀미), sea-sick(배멀미), air-sick(비행기 멀미), travel-sick(이동 중 멀미), morning-sick(입덧) 등이 있고, 비유적으로 발전한 home-sick(향수병), lovesick(사랑에 빠져 정신을 못 차리는 상태), heartsick(마음이 아픈) 같은 표현도 있다. 이 단어들은 모두 형용사이며, 명사형은 '-ness'를 붙여 만든다.

- The smell of diesel makes me car-sick instantly. 디젤

냄새 맡으면 바로 멀미가 나요.

- Freshmen often feel homesick. 대학 신입생들은 종종
  향수병에 걸려요.
- I'm prone to motion sickness, especially air-sickness.
  나는 멀미를 잘 하는데, 특히 비행기 멀미가 심해요.

ill과 sick을 비교해 보면, 둘 다 일상 대화에서 흔히
쓰이며, 비교적 단기적이고 경미한 질병을 나타낼 때 사용
된다. 다만 ill은 문어체, 보고서, 뉴스, 의학적 문맥에서 더
자주 등장하며, 위중하거나 만성적인 질환을 표현할 때도
쓰이는 경향이 있다.

마지막으로 상태를 묘사할 때는 feel과 be feeling 모
두 사용할 수 있지만, 뉘앙스에는 차이가 있다.

- I feel sick after eating that seafood. 저 해산물 먹고 나
  서 속이 안 좋아. → 즉각적인 감각이나 일반적인 진술
- She is feeling ill and won't be coming to work today.
  그녀는 몸이 안 좋아서 오늘 출근하지 않을 거예요. → 현재
  상태 강조하거나 일시적인 컨디션 설명

이제 sick과 ill의 차이를 알았다고 해도, 누군가에게 함부로 "Are you sick?"(아프세요?)라고 묻는 것은 조심해야 한다. 이 표현은 너무 직설적이고 날카롭게 들릴 수 있으며, 특히 여성의 경우 "임신해서 입덧 중인가요?"라는 뉘앙스로 받아들여 당황할 수도 있다. 또한 정신 건강, 외모, 신체 상태를 직접 언급하는 것은 상대에게 불쾌감을 줄 수 있어 실례가 되기 쉽다. 이럴 때는 다음처럼 더 부드럽고 배려 있는 표현을 쓰는 것이 좋다.

- Are you feeling okay? 괜찮은 거야?
- You don't look well. Is everything alright? 안 좋아 보여. 무슨 일 있어?
- Do you want to sit down? You seem tired. 앉을래? 피곤해 보여.

본인이 아플 때도 "I'm not feeling well"(몸이 안 좋아)라고 완곡하게 말하는 것이 영어권 문화에서 훨씬 자연스럽고 예의 바른 표현이다.

safe · secure

---

safe (위험요소로부터) 안전한

secure (조치를 취해) 안전한, 보장된, 확실히 지켜지는, 확보하다

"You're safe in here."(넌 이 안에서 안전해.)

이는 안전한 벙커 안으로 피신한 사람에게 건네는 말로 어울린다. 해를 끼치는 독성 물질이나 해치려는 사람들로부터 물리적으로 보호되고 있다는 의미다. 반면, secure를 활용한다면 이런 문장이 현실에서 더 자연스럽다.

"Your data is secure with us."(당신의 데이터를 저희에게 맡기면 안전하게 보호됩니다.)

이 문장은 단순히 데이터가 '위험하지 않다'는 의미를 넘어서, 적절한 보안 시스템이 적용되어 있어 안전하게 '지켜지고 있다'는 뉘앙스를 전달한다. 즉 secure는 위험 요소가 없는 상태 자체보다는, 위험으로부터 보호되도록 조치를 취한 '보장된' 상태를 강조할 때 쓰인다.

다시 말해 safe는 위험 요소나 유해함이 없는 상태, 누군가의 안녕이 지켜지는 상태를 말한다. 물리적, 정서적인 의미 모두로 쓰인다.

- Wearing a helmet while biking keeps you safe. 자전거 탈 때 헬멧을 쓰면 넌 안전할 거야. → 물리적인 안전
- This is a safe space where you can express your feelings. 여기는 네 감정을 표현할 수 있는 안전한 공간이야.
  → 정서적인 안전
- This water is safe to drink. 이 물은 마셔도 돼. 안전해.
  → 건강상의 안전

한편 secure 역시 '안전하다'는 뜻이지만 초점이 다르다. 이 단어는 안전함을 유지하기 위해 취하는 조치와 수단에 중심을 둔다. 그래서 secure는 물리적인 안전뿐 아니라 정보 보안이나 경제적 안정감 등의 의미로도 쓰인다.

- The building is secure with cameras and guards. 카메라와 경비들이 있어서 이 건물은 안전해.
- Make sure your passwords are secure. 비밀번호가 안전

한지 확인하세요.

- Investing wisely can help you become financially secure. 현명한 투자가 재정적으로 안정되는 데 도움이 될 수 있어.

secure는 보안과 조치에 방점을 찍는 면이 있어서, safe보다 상대적으로 좁은 의미로 쓰인다. '안전한' 상태이긴 하지만, 그 안전이 자연스럽게 주어진 것이 아니라 누군가가 조치를 취해 만들어 낸 결과라는 점에 초점이 있다. 즉 secure는 위험이 없다는 사실보다는 위험을 막기 위한 대비책이 마련되어 있다는 점을 강조하는 단어다. 그래서 보안 장비, 비밀번호, 경비 시스템, 군사 구역 등 물리적·기술적·제도적 조치가 수반된 맥락에서 자주 쓰인다. 예를 들어 secure password(보안이 철저한 비밀번호), secure connection(보안 연결), secure facility(통제된 시설) 등은 모두 누군가가 '위험을 막기 위한 준비'를 의도적으로 해 두었다는 전제가 깔려 있다.

반면, safe는 그런 조치의 유무와 상관없이 단순히 위험이 존재하지 않는 상태를 가리킨다. 따라서 사용되는 맥락도 훨씬 넓은 것이다. 예를 들어 safe road(아이들이 다녀도 안전한 길), safe place(마음이 놓이는 공간), safe to drink(마셔도 괜찮은 물)처럼 물리적 안전뿐 아니라 정서적, 심리적, 위생적인 안전까지 두루 표현할 수 있다. 이러한 차이 때문에 결과적으로 safe가 secure보다 더 넓은 의미로 쓰인다.

덧붙여, secure는 동사로도 쓰여 '무언가를 확보하다, 손에 넣다'라는 뜻으로도 쓰인다. secure a seat(좌석을 확보하다). secure funding(자금을 확보하다), secure a job(일자리를 얻다), secure a deal(거래를 성사시키다)처럼 어떤 자원이나 기회를 확실히 손에 넣는 상황에서 자주 쓰인다. 또한 군사나 보안 관련 맥락에서는 secure the area(지역을 확보하다), secure the perimeter(경계를 확보하다)처럼 위험 요소를 제거하거나 방어 조치를 취한 상태를 가리킬 때도 쓰인다. 이처럼 secure는 단순히 '안전하다'는 상태를 넘어서, 그 안전을 만들기 위한 능동적인 행위까지도 표현하는 단어라는 점에서 safe와는 쓰임새 면에서 확연한 차이를 보인다.

◦ 약속

promise · appointment · reservation

promise （무엇을 하겠다는） 약속, 서약
appointment （공적·사적인） 일정 약속, 예약된 만남, 임명
reservation （좌석·공간·권한 등의） 예약, 보류

한국에도 이제는 예약 문화가 꽤 자리 잡았다. 맛집은 예약이 기본이고, 상급 병원도 예약 없이는 갈 수 없다. 미용실이나 네일 서비스도 대부분 예약 후 방문하는 것이 일반적이다. 여행을 할 때 숙소를 예약하고 렌터카도 미리 빌린다. 친구를 만날 때는 '예약'까지는 아니지만, 만나기로 '약속'을 한다. 한국어의 '약속'은 매우 포괄적인 개념이지만, 영어에서는 상황에 따라 promise, appointment, reservation 등으로 구분된다.

promise는 라틴어 promittere에서 왔다. '먼저, 미리'를 뜻하는 접두사 pro-와 '보내다, 던지다'는 뜻의 mittere가 결합된 말로, '미리 보내다'라는 의미를 가진다. 14세기에는 '서로 간의 엄숙한 맹세'를 뜻했으며, 이후 지금의 의

미로 발전했다. 어원을 생각하면, 약속이란 미래에 할 일을 미리 말로 전해 두는 행위라고 이해할 수 있다. promise는 어떤 행동을 '하겠다'는 약속을 뜻한다. "선물 사다 줄게", "늦지 않고 올게", "꼭 1등 할게"처럼 미래의 행위를 확언하는 맥락에서 쓰인다. 자주 쓰이는 표현은 다음과 같다.

- make a promise 약속하다
- keep a promise 약속을 지키다
- break a promise 약속을 어기다

또한 word도 '약속'의 의미로 종종 쓰인다.

- give one's word 약속하다
- keep one's word 약속을 지키다
- break one's word 약속을 어기다
- Breaking your word can damage your reputation significantly. 약속을 어기면 명성에 큰 타격이 갈 수 있다.

appointment는 고지식하고 공적인 느낌의 '약속'이다. 이 단어는 옛 프랑스어 apointement에서 왔으며, 15세기 초에는 '공적인 약속', '직무를 위한 날짜 정하기', '협의' 등을 의미했다. 이후 17세기 즈음에는 '직위에 임명하는 행위'라는 뜻도 더해졌다. 현재의 영어에서 appointment 는 '약속 일정'과 '임명' 두 가지 의미로 주로 쓰인다.

appointment는 단순한 친구와의 약속이 아니라, 정해진 목적을 위해 시간과 장소를 잡는 약속을 뜻한다. 병원 진료, 미용실 예약, 면접, 회의 일정 등을 잡을 때는 보통 make · schedule · book an appointment라고 한다. 예약이 취소되면 cancel an appointment, 약속을 지키지 못하면 miss an appointment라고 한다. 즉 appointment는 '누구를 만나기 위한 약속' 중에서도 업무적이거나 형식적인 경우에 해당한다.

reservation은 '예약'이라는 의미로 잘 알려져 있지만, 어원과 쓰임을 살펴보면 훨씬 넓은 의미를 품고 있다. 이 단어는 라틴어 reservare에서 왔다. re-는 '뒤로, 다시'를, servare는 '보존하다, 보호하다'를 의미한다. 이 두 요소가 결합해 '무언가를 남겨 두다', '자리를 확보해 두다'라는 의미가 되었다. 식당이나 호텔에서의 예약도, 따지고 보면 자리를 '떼어 두는' 것이기 때문에 make a reservation, reserve a table 같은 표현이 가능하다. 렌터카나 공연 티켓도 마찬가지다. 이처럼 '따로 떼어 두다'는 의미는 다양하게 확장되어 다음과 같은 뜻도 생겨났다.

- reserve the right 권한을 보유하다
- reserve judgment 판단을 보류하다
- nature reserve 자연 보호구역
- military reserve 예비군
- financial reserve 준비금
- reservoir 저수지

또한 성격을 묘사할 때 쓰는 reserved는 말을 아끼고 감정을 드러내지 않는, 내성적인 성격을 뜻한다.

다시 '약속' 이야기로 돌아가 보자. appointment가 업무나 특정 목적과 관련된 약속을 의미한다고 했는데, 그렇다면 친구와의 사적인 약속은 영어로 뭐라고 하면 좋을까? 친구와의 약속처럼 캐주얼한 상황에서는 다음처럼 말할 수 있다.

Sorry, I've got (other) plans. 미안! 다른 약속 있어.

마지막으로 단순한 만남 약속이나 예약과 달리 좀 더 헌신과 책임이 담긴 약속을 나타내는 단어가 있다. 바로 commitment다.

She made a commitment to volunteer at the local shelter every weekend. 그녀는 매주 주말 지역 보호소에서 자원봉사를 하겠다고 약속했다.

commitment는 공적인 자리나 격식을 차려야 할 상황에서 선약을 뜻하는 말로도 쓰인다.

I have a prior commitment. 선약이 있습니다.

정리하자면 영어에서 '약속'은 단순히 "만나자"는 말 그 이상의 의미를 지닌다. promise는 '행동을 하겠다는 의지'를, appointment는 '누군가를 만나기로 한 구체적인 일정'을 reservation은 '장소나 자리를 따로 확보하는 행위'를 뜻한다. 약속의 성격에 따라 표현이 달라진다는 점을 잊지 말자.

◦ 어려운

hard · difficult

hard 힘든, 어려운, 고된
difficult 복잡하고 까다로워 해결하기 어려운, 복잡한,
까다로운

대학생 시절, 영어 에세이 과제가 있었다. 나는 "The most difficult moment of my life"라는 제목의 에세이를 써 제출했는데, 교수님이 이 문맥에선 hard가 더 자연스럽다는 피드백을 주셨다. 당시에는 어차피 difficult도 '어렵다'는 뜻 아닌가 싶어 갸우뚱했지만, 시간이 흐르며 그 차이가 조금씩 와닿기 시작했다.

hard는 고대 영어 heard에서 온 말로, 원래는 '단단한, 견고한'이라는 의미의 게르만계 단어였다 그래서 지금도 hard surface(딱딱한 표면)처럼 물리적 강도를 표현할 때 쓰인다. 하지만 시간이 지나면서 정신적·상황적 어려움까지 뜻이 확장되었다.

- Life is hard. 인생은 힘들어.
- It's hard to say goodbye. 작별 인사를 하는 건 힘들다.

또한 hard는 '열심히'라는 뜻의 부사로 혹은 '부지런한'이라는 뜻의 형용사 hardworking의 일부로도 쓰인다.

- He works hard to pay off his family's debts. 그는 가족의 빚을 갚기 위해 열심히 일한다.
- He may not be the smartest, but he's definitely hard-working and reliable. 그는 가장 똑똑하진 않지만, 확실히 성실하고 믿음직하다.

반면 difficult는 라틴어 difficilis에서 유래했다. 이는 dis-(부정)와 facilis(쉬운)가 결합된 말로, 말 그대로 '쉽지 않은' 상태를 뜻한다. 즉 단순히 '힘들다'기보다는 '복잡하고 까다롭다'는 뉘앙스를 담고 있다.

- This book is difficult to understand. 이 책은 이해하기 어렵다.
- He's a brilliant chef, but he's difficult to work with. 그

는 뛰어난 요리사지만, 함께 일하기엔 까다롭다.

그렇다면 Life is hard는 자연스러운 문장인데, Life is difficult는 왜 어색하게 느껴질까?

Life is hard는 인생이 감정적으로, 육체적으로 버거울 때 쓰이는 표현이다. 삶의 무게, 고통, 고단함을 말한다. 반면 Life is difficult는 문법적으로는 맞지만, 마치 '삶이 논리적으로 복잡한 과제'라는 느낌을 줄 수 있다. 즉 "삶은 풀기 어려운 수수께끼야"처럼 들릴 수 있는 것이다.

하지만 My life is difficult는 전혀 어색하지 않다. 일반적이고 보편적인 '삶'을 뜻할 때와 달리, My life처럼 개인적인 맥락이 붙으면, 여러 문제와 상황이 얽혀 있어 '쉽지 않다'는 의미로 자연스럽게 쓸 수 있기 때문이다.

My parents are getting divorced, and my best friend is too busy with her boyfriend to even talk to me. My life feels really difficult right now. 부모님은 이혼 중이고, 절친은 남자친구 때문에 나랑 얘기할 시간도 없어. 요즘 내 삶이 정말 힘들게 느껴져.

정리하자면 hard는 '감정적·육체적으로 벅차다'는 의미로서의 '힘듦'을, difficult는 '복잡하고 해결하기 어렵다'는 의미의 '힘듦'을 표현할 때 쓴다. 둘 다 '어렵다'는 뜻이지만, 그 감정의 결은 분명히 다르다.

conservative · strict

---

conservative 보수적인, 전통적인
strict 엄격한, 철저한

"우리 부모님은 너무 보수적이시라 밤 9시 전에 집에 들어가야 해."

"우리 부모님은 굉장히 보수적이셔서 딸들이 대학 가기 전에 연애하지 못하게 하셔."

한국말로는 두 문장 모두 '보수적인'이라는 표현을 썼지만, 영어로는 다른 단어를 써야 한다. 두 문장을 영어로 옮겨 보면 다음과 같다.

- My parents are really strict, so I have to be home before 9.
- My parents are very conservative, so they don't let their daughters date before college.

strict는 '엄격한'이라는 뜻으로, 규칙이나 시간, 행동 등에 대해 엄하게 구는 경우에 적절하게 쓰인다. 반면 conservative는 가치관과 관련된 단어로, 전통을 중시하고 변화를 꺼리며 기존 방식을 고수하려는 태도를 나타낼 때 적합하다. 예를 들어 conservative는 옷차림, 연애나 결혼에 대한 태도처럼 개인의 삶의 방식에서 드러나는 경우가 많다. 다시 말해, 자녀의 개성과 자율성을 존중하는 '진보적인'progressive 부모라 하더라도 특정한 규칙에 대해서는 엄격할 수 있다.

Even progressive parents can be strict. 진보적인 부모도 엄격할 수 있다.

예를 들어 연애나 옷차림에는 너그러우면서도 귀가 시간, 취침 시간, 휴대폰 사용 시간 같은 문제에서는 엄격하게 통제하는 부모가 있을 수 있다는 의미다.

한편 conservative는 동사 conserve에서 파생된 단어다. conserve는 '함께, 함께 모아서'라는 의미의 접두사 con-과 '지키다, 보존하다'를 뜻하는 어근 -serve가 결합한 형태로, '보존하다, 그대로 유지하다'는 뜻을 갖는다. 중심이 되는 가치를 모아서 지키고 보존한다는 의미가 발전하여 기존의 방식을 그대로 유지하려는 태도를 뜻하게 되었고, 그래서 conservative는 '보수적인'이라는 의미로 사용된다. 이 단어는 주로 가족, 종교, 안보, 시장 경제 등 기존의 가치를 지키려는 태도를 설명할 때 쓰이며, 정치적 성향을 말할 때도 사용해서, 보수 정당을 conservative party라고 부른다.

- She has a conservative approach to investing, preferring bonds and savings accounts over riskier stocks. 그녀는 위험한 주식보다는 채권과 저축 계좌를 선호하면서 투자에 보수적인 접근을 취한다.
- Despite being young, Maria holds conservative views on education, advocating for a return to more traditional teaching methods. 마리아는 어린데도 교육관이 보수적이라서 전통적인 교수법으로 돌아가자는 입장을 옹호하고 있다.

이렇듯 conservative는 진보적인 가치관과 반대되는 보수적인 정치적·사회적 태도나 접근법을 말할 때 주로 쓰인다. 다시 정리해 보자. conservative가 태도의 문제라면, strict는 실행하는 방식의 문제라고 볼 수 있다.

두 형용사를 비슷한 맥락에서 쓰면서 비교해 보면 다음과 같다. 가족에 대해 말할 때 두 단어는 이렇게 차이가 있다.

- My family is conservative, celebrating holidays exactly as our ancestors did. 우리 가족은 보수적이어서 조상들이 했던 대로 정확하게 명절을 기린다.
- My family is strict about holiday gatherings; every member must attend, no matter what. 우리 가족은 명절 모임에 엄격해서 모든 구성원이 무슨 일이 있어도 참석해야 한다.

이 두 단어의 차이는 언어를 어떻게 구사하는지에 대해 표현할 때도 분명히 드러난다. 언어의 용법에 conservative한 사람은 변화하는 언어의 흐름을 받아들이기보다는 기존의 문법과 표현을 고수해야 한다는 입장을 보인다. 반면, 언어의 용법에 strict한 사람은 문법 규칙 하나하나에 매우 엄격하여, 예컨대 쉼표의 위치나 띄어쓰기 하나 틀리는 것도 용납하지 않는다.

- Steve, a linguist, is quite conservative when it comes to language. He's especially resistant to the adoption of foreign loanwords and prefers sticking to tradition-al native expressions. 언어학자인 스티브는 언어에 대해서라면 꽤 보수적이다. 그는 특히 외래어 채택에 거부감을 갖고 있고, 전통적인 고유어 표현을 고수하는 것을 선호한다.
- Lauren, a writing teacher, is extremely strict about punctuation. She won't tolerate even a single mis-placed comma or an extra space. 작문 선생님인 로렌은 구두점에 아주 엄격하다. 쉼표 하나나 띄어쓰기 한 칸이 잘못된 것조차도 용납하지 않는다.

이제 conservative와 strict의 의미 차이가 좀 더 분명히 와닿지 않는가?

hip · butt

hip 골반 옆 부분. 정확하게는 허리와 다리가 만나는 부분
butt 엉덩이살을 포함한 신체 뒤쪽 엉덩이 전체

엉덩이를 영어로 hip이라고 하면 대체로 틀렸다고 볼 수 있다. 유튜브에서 '애플 힙 만드는 법'이라는 영상을 본 적이 있는데, 이 '애플 힙'이라는 말도 어색한 영어다. hip은 골반 양쪽에 튀어나온 부분을 가리킨다고 보는 게 좋다. 그래서 hip point는 '고관절'이라는 뜻이다. 양쪽에 있으므로 hips라고 하는 게 맞고, 가리키는 부위도 우리 생각과 다르다. 우리가 보통 '통통한 엉덩이'라고 할 때 사용하는 영어 표현은 butt 혹은 buttocks이다. 그런데 한국어에서는 이를 hip이라고 표현하는 경우가 많은데, 정확한 유래는 불확실하다. 다만 패션 분야에서 몸의 굴곡이 드러나는 엉덩이 부위의 라인을 hip이라고 부르는 용법이 와전된 결과일 가능성이 있다. 예를 들어 She has wide hips(그 여자는 골반이 넓다)라는 문장에서처럼 골반이 넓으면 엉덩

이도 풍만해 보이기 마련이다. An hourglass figure with curvy hips(곡선진 힙을 가진 모래시계 몸매) 같은 표현 역시 자연스럽게 풍만한 엉덩이를 연상시킨다. 이러한 이미지가 한국에서 hip을 '엉덩이'로 받아들이게 만든 요소로 보인다. 사실 아래 두 문장만 살펴보아도 의미의 차이가 드러난다.

- Shake your hips. 골반을 흔들어!
- Shake your booty. 엉덩이를 흔들어!

Shake your hips라고 할 때에는 골반을 좌우로 흔들라는 뜻으로, 살사, 탱고, 벨리댄스 등을 추면서 동작을 지시할 때 쓸 수 있는 표현이다. 반면에 힙합 같은 노래 가사에서 들어 보았을 booty는 엉덩이를 가리키는 슬랭 표현으로 섹시하고 파워풀하게 엉덩이를 흔드는 동작을 말한다. 보통 트워킹twekring이라 불리는 노골적인 동작을 할 때 많이 쓴다. 다소 점잖지 못한 맥락에서 쓰는 표현이기 때문에 공식적인 자리에서는 피하는 것이 좋다.

우리가 말하는 엉덩이 혹은 둔부는 영어로 buttocks라고 한다. 일상생활에서는 이 말을 줄여서 butt라고 부른다. 그래서 엉덩이가 멋질 때 nice butt라고 말하고, 애플힙에 해당하는 둥근 엉덩이는 peach butt라고 한다. 복숭아 모양을 보면 왜 peach butt라고 말하는지 이해가 된다. 왜 buttocks는 복수형이고, butt나 booty는 단수형으로 쓰이는지 궁금하다면, 이는 표현 방식의 차이 때문이다. butt와 booty는 엉덩이를 하나의 덩어리로 인식하는 일상적인 표현인 반면, buttocks는 해부학적이거나 중립적인 표현으로 왼쪽과 오른쪽 엉덩이를 구분할 때 사용되기 때문이다. 예를 들어 left buttock, right buttock처럼 말이다.

하지만 엉덩이라는 말이 때로 너무 직접적이라 거북하게 느껴진다면 돌려서 표현할 수 있다. 이럴 때 쓰는 표현이 bottom이다. "하루 종일 앉아 있었더니 엉덩이가 쑤시고 아파"라고 말하고 싶은데 butt를 쓰자니 왠지 민망하다면 다음과 같이 bottom을 쓸 수 있다. "I've been sitting all day long, so my bottom is sore."

엉덩이를 에둘러서 말하는 비슷한 표현은 이외에도 더 있다. '뒤쪽'이라는 뜻이 있는 rear, rear end, backside다.

- The little boy bumped his rear on the playground
  slide, but he quickly got up and continued playing. 그

어린 소년은 놀이터 미끄럼틀에 엉덩이를 부딪쳤다. 하지만 재빨리 일어나 계속 놀았다.

- During the long drive, he started to feel uncomfortable in his rear end from sitting for so many hours. 장거리 드라이브 동안 오랜 시간 앉아 있는 바람에 그는 엉덩이가 불편해지기 시작했다.

- She accidentally slipped on the ice, landing on her backside, but luckily she wasn't hurt. 그녀는 실수로 빙판 위에서 미끄러지면서 엉덩이로 주저앉았다. 하지만 다행히 다치지는 않았다.

생각보다 영어에서도 이런 표현은 돌려 말하거나 완곡하게 표현하는 경우가 많다.

또한 흔히 들을 수 있는 표현으로 ass가 있는데, 이는 butt의 동의어이긴 하지만 역시 슬랭이다. ass는 격식 없는 사이에서 사용되며, 특히 욕설이나 거친 말투에 자주 쓰인다. 단순히 엉덩이를 가리키기보다는, 사람 전체를 '엉덩이'로 표현하며 무시하거나 명령하는 느낌을 줄 때가 많다. 예를 들어 일하라고 거칠게 닦달할 때 "Move your lazy ass!"(게으름 피우지 말고 얼른 움직여!)라고 하기도 하고, 친구끼리 장난스럽게 "Move your ass! You're in the way"(비켜! 길 막고 있어)라고 말하기도 한다. 혹은 "Get your ass out of my seat!"(내 자리에서 썩 꺼져!)처럼 강하게 내쫓는 말투로도 사용된다.

같은 부위를 가리키는 여러 표현이라도 상황과 맥락에 따라 가려서 사용할 필요가 있다. 엉덩이는 맥락에 따라 매우 예민한 단어가 될 수 있으므로 특히 조심해서 사용하도록 하자.

spare · extra

spare 여분의
extra 추가의

카페에서 커피를 주문했는데 직원이 이렇게 묻는다.

"Would you like extra sugar?"(설탕을 더 넣어 드릴까요?)

이 문장에서 spare sugar라고 하면 어색하게 들린다. 하지만 자동차 트렁크에 넣어 두는 타이어는 spare tire라고 부른다. 왜 같은 '여분의'라는 의미인데도 설탕에는 extra, 타이어에는 spare를 쓰는 걸까? 이처럼 spare와 extra는 모두 '필요한 것보다 더 있는'이라는 공통된 뜻을 지니지만, 뉘앙스와 쓰임에는 분명한 차이가 있다.

spare는 고대 영어 sparian에서 유래해 본래 '아끼다', '남겨 두다', '용서하다'라는 뜻을 지녔다. 시간이 흐르면서 '앞으로 필요할 것에 대비해 남겨 두는, 쓰지 않고 보관해 두는'이라는 의미로 발전했고, 덕분에 '비상용', '예비용’이라는 성격이 짙어졌다. 반면, extra는 라틴어 extra에서 비롯된 말로 ‘밖의’, ‘넘치는’이라는 의미를 가졌고, 영어로 흡수된 뒤로는 ‘기본 이상으로 더 있는’이라는 뜻으로 자리 잡았다. 즉 extra는 ‘기본 양을 넘는 추가적인 것’이라는 뉘앙스를 가진다.

결국 spare는 비상시를 대비해 따로 챙겨 두는 여분이나 예비품을 뜻하며, 일상적으로 사용하지는 않지만 필요할 때를 대비해 남겨 두는 느낌이 강하다. 반면 extra는 기본보다 많은 분량, 즉 당장 사용할 수 있는 추가분을 의미한다. 그래서 spare time은 일이나 일정이 끝난 뒤 남은 시간, extra time은 원래 계획보다 더 필요한 시간을 가리킨다. 예를 들어 spare tire는 평소에는 쓰지 않지만 펑크에 대비해 차량에 실어 두는 예비 타이어를 말하고, extra cheese는 기본 양보다 더 많이 추가된 치즈를 의미한다.

spare는 절제나 절약의 의미로도 자주 쓰인다. A spare lifestyle은 검소하고 절제된 삶을 뜻하며, 형용사로 ‘여분의’라는 뜻 외에도 동사로 널리 활용된다. 동사로는 ‘내어 주다’, ‘할애하다’ 또는 ‘아끼다’, ‘면하게 하다’는 의미로 쓰이며, 맥락에 따라 주는 행위 또는 구제하는 행위를 표현할 수 있다.

‘내어 주다’의 뜻으로는 시간, 돈, 관심 등을 누군가에게 베푸는 상황에서 주로 사용된다. 예를 들어 “Can you spare some change?”(잔돈 좀 주실 수 있나요?)는 거리에서 자주 들을 수 있는 기부 요청 표현이고, “Could you spare me a few minutes of your time?”(잠시 시간 내 주실 수 있나요?)은 회의나 상담을 정중히 요청할 때 쓰인다. 감정을 나누는 의미로 “He spared a smile for the child”(그는 아이에게 미소를 지어 주었다)처럼도 사용된다.

반면 ‘아끼다’, ‘면하게 하다’는 뜻일 때는 고통이나 불편한 상황에서 누군가를 벗어나게 하거나 보호해 주는 의미를 담는다.

“Spare me the details”(더 자세한 얘기는 넣어 둬), “They were spared from the worst of the storm”(그들은 폭풍의 최악의 피해를 면했다)과 같은 문장으로 표현할 수 있다.

또 spare no effort나 spare no expense처럼 관용적으로는 ‘최선을 다하다’, ‘비용을 아끼지 않다’는 표현으로도 자주 등장한다.

이처럼 spare는 단순히 ‘여분’이라는 의미를 넘어, 무언가를 주거나 절약하고, 때로는 누군가를 구제하는 동사로 다양하게 쓰인다.

한편 extra는 우리나라에서 '엑스트라 배우'라는 표현으로 자주 쓰인다. 이는 영어권에서의 원래 표현인 an extra에서 유래한 것으로, 여기서 extra는 명사로 사용되어 주연 외에 추가로 동원된 인물, 즉 조연급 이하의 단역 배우를 의미한다. 영화나 드라마에서 말없이 배경에 서 있거나 지나가는 인물들이 이에 해당한다.

촬영 업계에서는 extra work가 엑스트라 배우의 활동을 뜻하며, 패션 업계에서는 옷에 붙는 부속 장식(extra detail), 식당에서는 메뉴 외에 추가로 주문하는 음식(extra toppings)을 가리킬 때도 쓰인다. 모두 '기본에 더해지는 것'이라는 본래 의미가 살아 있는 예다.

이번에도 마무리는 역시나 이런 축복의 말로 맺고 싶다.

May your days be filled with extra laughter, and may you always have spare courage when times are tough.
당신의 매일이 웃음으로 가득하길, 당신에게 언제나 넉넉한 용기가 준비되어 있길 바랍니다.

trip · travel · tour

---

trip （특정 목적의 짧은） 여행

travel （여러 장소를 돌아다니는） 여행 혹은 이동,
여행(이동)하다

tour （여러 곳을 둘러보는 일정이 짜여 있는） 여행

trip, travel, tour는 명사일 때 모두 '여행'을 나타내는 말이지만, 약간씩 의미가 다르다.

trip은 보통 짧은 여행, 길어야 일주일 정도의 여행을 말한다. 비즈니스 출장이건 쉬기 위한 여행이건 다 쓸 수 있다. trip은 보통 trip to A(목적지)와 같이 'A로 가는 여행'이라는 용법으로 쓰이며, 대개 돌아오는 여행을 전제로 한다. 물론 'trip back to A'를 써서 'A로 돌아온다'고 표현할 수도 있다.

travel은 '여행'이라는 뜻도 있지만, '이동'이라는 뜻도 있다. 동사로 쓰일 때도 역시 '여행하다', '이동하다'라는 뜻이다. 그래서 Sound travels at 343 meters per second in air(소리는 공기 중에서 초당 343미터로 이동한다)와 같이 쓴다. 출퇴근을 하는 사람에게 이동 시간이 얼마나 걸리냐고 물어볼 때 'traveling time'에 대해 물어볼 수 있다. 단기 여행과 장기 여행 모두에 쓸 수 있고, 여행 목적에 관계없이 여행은 모두 travel이라고 할 수 있다. travel을 시각화하면 복잡한 경로를 그리며 다수의 지점을 찍고 움직이는 경로를 그릴 수 있을 것이다. 즉 여기저기 돌아다닌다는 의미가 강하다.

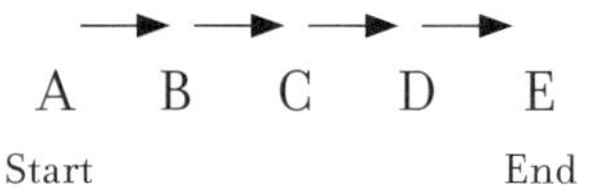

travel은 trip과는 달리 그 자체로 가거나 오는 이동을 모두 포함한다. 그래서 'traveling time'은 출근하는 시간과 퇴근하는 시간 모두를 일컫는다.

tour는 '한 바퀴 둘러보는 여행'이라는 뜻이 있다. 프랑스에서 온 이 단어는 프랑스어로 여성형 관사 la와 남성형 관사 le가 붙어서 다른 두 단어가 된다. 여성명사인 la tour는 탑, 그중에서도 둥근 탑을 일컫는 말이고, 남성 명사인 le tour는 여행이라는 뜻이다. 둥근 탑을 한 바퀴 도는 움직임을 상상하면 이해하기 쉽다. 그래서 tour를 시각화하면 둥글게 원을 그리며 출발점으로 돌아오는 다음과 같은 이미지로 그릴 수 있다.

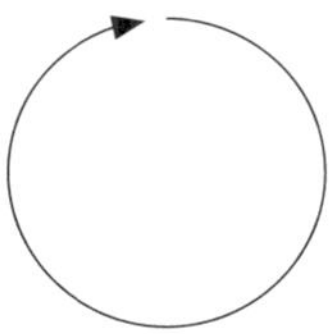

이러한 의미 때문에 어느 곳이든지 한 바퀴 둘러보는 활동은 모두 tour라고 할 수 있다. 박물관을 한 바퀴 살펴보는 일을 museum tour라고 하며, 성을 한 바퀴 돌아보는 일은 castle tour, 공장 견학을 하거나 시찰을 하는 것도 tour라고 한다. 단순히 학교나 우리 집 정원을 한 바퀴 둘러보는 것도 tour라고 한다.

영국인들은 손바닥만 한 땅만 있어도 정원으로 가꾸고 돌보기 때문에, 영국인 친구의 집에 초대를 받으면 집 구경이 다 끝났다 생각할 때쯤 정원도 한번 둘러보지 않겠냐는 제안을 받을 수 있다. "우리 집 정원 한번 구경하실래요?"는 영어로 "Would you like a tour of my garden?"이다. 집안 구경을 하며 "멋지다!"라고 말하고 싶은데, 아는 멋지다는 뜻을 가진 형용사를 다 써 버린 데다, 정원 가꾸기에 대해 전혀 모르는 처지라면 난감할 수 있다. 이럴 때는 그냥 "I'd love to!"라고 말하며 따라가 구경하면 된다.

여행과 관련된 다른 단어로 journey가 있다. journey는 'day'라는 뜻의 프랑스어 journée에서 왔다. '하루치 일, 하루치 이동한 거리'라는 뜻으로 쓰이다 지금은 '성장과 경험을 위한 여정'이라는 의미로 더 많이 쓰인다. "Life is a journey"(삶은 여정이다)라는 문장이 이 뜻을 잘 나타낸다. 이 단어는 journeyman이라는 단어와도 깊은 관련이 있다. 한국어로는 딱히 맞아떨어지는 번역어가 없는데, 사전에는 (과거 도제 수업을 마치고 남 밑에서 일하던) '장인'이라고 나와 있다. 이는 과거 유럽의 길드 조직과 깊은 관련이 있다. 수공업 형태의 제조업 길드에서 어릴 때 도제 apprentice로 보내져 하나의 작업장을 가진 마스터 아래에서 일을 배우다 어느 정도 기술을 배워 독립을 할 정도는 되었으나 자기 작업장은 없어서 이 작업장, 저 작업장을 돌아다니며 품삯을 받고 일하는 기술자를 journeyman이라고 불렀다. 아마도 하루치 일당을 받아서 journeyman이라고 부르지 않았을까 싶다.

마지막으로 excursion은 주로 '단체로 짧게 하는 여행'을 가리킨다. 주로 당일치기 여행을 일컫는데, 단체가 아닌 개인적인 당일치기 여행은 one-day trip이라고 말하면 된다.

◦ 연습

practice · training · exercise

practice 지속적이고 반복적인 연습
training 체계적이고 조직적인 훈련
exercise 신체 단련이나 능력 향상을 위한 연습

"Practice makes perfect"(연습하면 완벽해진다)라는 표현을 많이 들어 봤을 것이다. 여기서 practice를 training이나 exercise로 바꿔 쓸 수 있을까? 아니다. 그럴 수 없다. 의미가 달라지기 때문이다. 이 표현에서 practice는 단순한 연습이 아니다. 목표하는 기술이나 능숙함을 얻기 위해 스스로 지속적이고 의식적으로 꾸준히 반복하는 연습을 의미한다. 지속적인 연습을 통해 비로소 perfect에 도달할 수 있다는 뜻이다.

She practices the piano every day to prepare for her recital. 그녀는 연주회를 준비하려고 매일 피아노 연습을 한다.

반면 training은 훈련, 특히 체계적이고 조직적으로 진행되는 훈련 과정을 가리킨다. 즉 특정 목표나 직업적인 기능을 배우려고 외부에서 계획된 프로그램을 따라 하는 훈련이다. 그래서 개인의 꾸준함보다는 조직적이고 계획적인 과정에 초점이 있다. 회사 연수, 체계적인 체육 훈련 등을 말할 때 training을 쓴다.

The government launched a new teacher training initiative to improve education quality. 정부는 교육의 질을 향상시키기 위해 새로운 교사 연수 사업을 시작했다.

exercise는 또 다르다. exercise는 신체 단련이나 특정 능력 향상을 위한 단일 활동 또는 짧은 연습 활동을 의미한다. 운동이나 연습문제 풀이처럼 개별적이고 구체적인 작업에 가깝다. 만약 누군가 "exercise를 하라"고 하면 상황에 따라 의미가 달라진다. 헬스장에서라면 운동하라는 뜻, 교실 안이라면 문제나 과제를 풀어 보라는 뜻이 된다.

– After sitting at his desk all day, he decided to go outside and do some exercise. 하루 종일 책상에 앉아 있었

던 그는 밖에 나가 운동을 하기로 했다.

- The teacher asked the students to complete the grammar exercises before the next class. 선생님은 다음 수업 전까지 문법 연습 문제를 풀어 오라고 했다.

그중에서도 특히 practice는 단순한 '연습' 이상의 의미를 지닌 단어다. practice는 단순히 '연습'이라는 뜻뿐만 아니라 무언가를 실제로 수행하거나 적용하는 행위를 가리키는 '실무'라는 뜻도 있다. 또 사람들이 반복해서 습관처럼 하게 되는 행동, 즉 '관행'이라는 의미도 있다. 특히 '실무'라는 의미로 쓰일 때는 practitioner라는 파생어가 나온다. 이는 theorist(이론가)와 반대되는 개념으로, 공부한 지식을 실제로 현장에서 적용하는 사람을 뜻한다. 예를 들어 법을 공부해 교수로 남으면 theorist가 되고, 변호사가 되어 사무실을 열어 고객을 직접 상대하면 practitioner가 된다. 이때 변호사가 개업하는 것을 영어로 enter practice라고 표현한다. 의사 역시 의학 지식을 실제 진료에 적용하는 practitioner이며, 의사가 개업해 진료를 시작할 때도 enter practice를 사용한다. (enter practice는 보통 한국어로 '개업하다'라고 번역하지만, 문자 그대로는

‘실무에 들어가다’는 의미다.)

- After completing her residency, she was excited to finally enter practice as a pediatrician. 레지던트 생활을 마치고 그녀는 기쁘게도 소아과 의사로 마침내 개업을 하게 되었다.
- He practices law in New York. 그는 뉴욕에서 변호사 사무실을 한다.

결국 practice, training, exercise는 모두 ‘연습’이나 ‘훈련’과 관련된 단어지만 접근 방식과 강조점이 조금씩 다르다. practice는 스스로 반복하며 능숙해지려는 과정을, training은 조직적이고 체계적인 기능 습득 과정을, exercise는 개별적이고 구체적인 활동을 의미한다. 특히 practice는 ‘연습’을 넘어 ‘실무’, ‘관행’까지 다양한 뜻을 지니며 삶의 여러 영역에서 폭넓게 쓰인다. 어떤 목표든 이루려면 결국 스스로 의식적으로 반복하고, 때로는 체계적으로 훈련하고, 필요한 세부 능력을 날마다 단련해야 한다.

Practice makes perfect. 하지만 training과 exercise가 함께할 때 그 완성도는 더욱 높아진다.

example · instance

example (대표적인) 예시
instance (구체적인) 사례

글을 쓰든 강연을 하든, 사례를 풍부하게 들수록 대중의 공감을 이끌어 내는 전달력은 커진다. 그래서 작가나 강연자들은 복잡한 개념을 쉽게 설명하고 청중의 이해를 돕기 위해 다양한 예시를 의도적으로 많이 사용하려고 한다. 특히 일상에서는 '예를 들어'라는 표현이 자주 등장하는데, 그중 가장 흔하게 쓰이는 영어 표현이 바로 for example과 for instance다.

사람들은 대부분 이 두 표현을 같은 뜻으로 외우지만, 사실 미묘한 차이가 있다. 이를 명확히 이해하려면 먼저 두 단어 example과 instance의 의미를 비교해 볼 필요가 있다. example은 어떤 개념이나 범주를 대표할 수 있는 전형적인 사례를 뜻한다. 반면 instance는 실제로 존재하거나 일어난 구체적인 사례, 실례를 강조하는 표현이다. 이 차

이로 인해 두 표현은 대부분 비슷하게 사용되지만, 뉘앙스
와 사용 맥락에서 구분이 가능하다. 예를 들어 보자.

Many fruits are rich in vitamins. For example, oranges
are high in vitamin C. 많은 과일에는 비타민이 풍부하
다. 예를 들어, 오렌지는 비타민 C 함량이 높다.

이 문장에서 오렌지는 '비타민이 풍부한 과일'이라는
개념을 대표하는 전형적인 예시다. 여기서는 example이
적절하다.

There are many ways to improve your writing. For in-
stance, reading more can enhance your vocabulary. 글
쓰기 실력을 향상시킬 수 있는 방법은 여러 가지가 있다.
예를 들어, 독서를 많이 하면 어휘력을 늘릴 수 있다.

한편 위 문장에서는 쓰기 능력을 향상시키는 다양한
방법 중 하나인 독서를 실질적인 사례로 들고 있다. 이럴
때는 instance가 더 자연스럽다.
또한 두 표현은 문체에 따라 선택이 달라진다. for ex-

ample은 학술적인 글이나 공식 문장에서 더 자주 사용되고, for instance는 구어체나 비격식적인 글에서 더 부드럽게 들린다. 이러한 차이는 실제 원어민의 글쓰기에서도 쉽게 확인할 수 있다.

영어에서는 '예를 들어'의 의미로 쓰이는 약어 표현도 다양하다. 그중 대표적인 것이 e.g., i.e., ex.이다. ex.는 example의 줄임말로 for example과 동일하게 쓰이지만, 주로 구어체나 비격식 문서에서 사용된다. e.g.는 라틴어 'exempli gratia'에서 유래한 약어로, 정확히는 'for example'을 의미하며 문장 중간에 쉼표와 함께 삽입되는 경우가 많다. i.e.는 라틴어 'id est'에서 유래했으며, '즉', '다시 말하면'이라는 뜻으로 예시를 드는 것이 아니라 앞서 나온 개념을 다시 설명하거나 명확히 정의할 때 사용된다.

- Bring any identification with you(ex. passport or driver's license). 여권이나 운전면허증 같은 신분증을 지참해 주세요.

- She loves citrus fruits, e.g., oranges, lemons, and limes. 그녀는 시트러스 계열의 과일을 좋아한다. 예를 들어 오렌지, 레몬, 라임 등.

ex.와 e.g.는 전체 범주 중 일부 예시만을 나열하는 반면, i.e.는 그 개념을 구체적으로 다시 설명한다는 점에서 의미가 다르다.

결국, 우리가 흔히 '예'라고 부르는 것들도 모두 같은 종류는 아니다. 대표적인 사례인지, 실제 있었던 실례인지 혹은 설명을 보완하는 부연 설명인지에 따라 단어를 달리 선택해야 한다. 표현 하나의 차이가 글의 품격과 설득력을 크게 좌우할 수 있다.

다음번에 글을 쓰거나 말을 할 때는 단순히 예를 드는 데 그치지 말고, 그 예가 정말 example인지 instance인지, 혹은 e.g.인지 i.e.인지 한 번 더 생각해 본다면, 표현이 훨씬 더 정확하고 세련되어질 것이다.

misuse · abuse

misuse 오용, 남용
abuse 남용, 학대, 악용

회사원 이 모 씨는 고민이 많다. 부장님이 업무용 카드를 개인 점심값 결제에 사용하는 걸 보았기 때문이다. 이럴 때 부장님의 행동은 misuse일까, abuse일까?

만약 부장님이 노안 때문에 여러 카드 중 업무용 카드를 개인 카드인 줄 알고 사용했다면, 이는 misuse다. 실수로 인한 오용이기 때문이다. 하지만 업무용 카드라는 걸 알면서도 고의로 사용했다면 이는 abuse, 즉 남용이다. 이처럼 행동만 보면 둘의 구분이 애매할 수 있지만, 의도에 따라 misuse인지 abuse인지가 갈린다.

이 구분은 약 복용에도 적용된다. 감기약을 처방량보다 많이 먹었다면 misuse, 마약성 진통제를 의도적으로 반복 복용했다면 abuse다. 언어 표현에서도 마찬가지다. 예를 들어 아시아인을 oriental이라 부르는 것은 미국에서는 무지하거나 공격적인 표현으로 간주되며, misuse에서 나아가 abuse로 여겨질 수도 있다. 반면 영국에서는 oriental이 비교적 중립적으로 받아들여지는 경우도 많다. 물론 사람에게 사용하면 부적절하지만 사물이나 문화, 음식 등에는 자연스럽게 사용되곤 한다.

권력도 misuse와 abuse가 자주 일어난다. 예를 들어 대통령 보좌관이 인터뷰 중 실수로 군사 기밀을 언급했다면 이는 misuse다. 실제로 트럼프 행정부 초기에 비슷한 일이 있었다.

During the interview, the presidential aide accidentally mentioned classified military information. 인터뷰 중 대통령 보좌관이 실수로 군사 기밀 정보를 언급했다.

반면 고의적으로 권한을 남용한 경우에는 abuse로 표현한다.

The principal's suspension of students for personal reasons was an abuse of power. 개인적인 이유로 학생

들을 정학시킨 것은 교장의 권력 남용이었다.

misuse와 abuse가 자주 쓰이는 표현을 나눠서 살펴보자. misuse는 다음과 같이 공적 자원이나 정보를 부적절하게 사용할 때 주로 쓰인다.

- misuse of authority or power 권위·권력 남용
- misuse of technology 기술 오남용
- misuse of personal information 개인정보 오용

한편 abuse는 고의적이고 반복적인 해악을 나타내며, 다음과 같은 표현과 자주 함께 쓰인다.

- child abuse 아동 학대
- sexual abuse 성폭력
- drug abuse 약물 남용
- abused wives 학대받는 아내들(참고로 battered wives는 '폭력을 수반한 학대'를 특히 지칭하는 표현이다.)

여기서 아동 학대child abuse는 더 세분화할 수 있다.

- physical abuse 신체 학대

- emotional or psychological abuse 정서·심리적 학대

- neglect 방임

- sexual abuse 성적 학대

- exposure to domestic violence 가정폭력 노출

misuse와 abuse는 비슷해 보이지만 의도와 결과, 그리고 도덕적 책임의 유무에 차이가 있다. 같은 행동이라도 실수나 부주의로 인한 것이면 misuse, 의도적으로 행해졌다면 abuse가 된다.

이 둘을 정확히 구분하는 것은 단순한 언어 지식의 문제가 아니다. 우리가 어떤 행동을 잘못으로 인식할 수 있느냐, 그리고 그 잘못이 실수인지 악의인지 구별할 수 있느냐는 사회적 책임과 윤리적 감수성의 문제다.

나아가 abuse라는 단어는 고통의 이름이기도 하다. 자신이 겪은 일이 abuse였다는 것을 언어를 통해 자각하는 순간, 사람은 그 경험을 단순한 기억이 아닌, 해석 가능한 삶의 일부로 받아들일 수 있게 된다.

언어는 현실을 바꾸지는 못할지라도 현실을 이해하게 도와준다. 그런 의미에서 misuse와 abuse는 단어 이상

의 의미를 지닌다. 이 구분은 누군가에게는 자신의 경험을 해석하고, 타인의 행동을 이해하며, 세상을 더 조심스럽게 바라보는 계기가 될 것이다.

gentle · decent

gentle 온화한, 부드러운, 점잖은
decent 단정한, 예의 바른, 괜찮은

gentleman이라는 단어는 과거 오늘날처럼 '신사'나 '매너 좋은 남자'를 뜻하지 않았다. 18세기 후반부터 19세기 초반의 영국 사회를 배경으로 한 제인 오스틴의 소설을 보면 gentleman이라는 말이 당시에는 어떤 의미였으며 어떤 사회적 함의를 지녔는지를 엿볼 수 있다.

대표작 『오만과 편견』에서 다아시의 대고모는 주인공 엘리자베스가 자신의 조카와 결혼하려 한다는 사실에 격렬히 반대하며 이렇게 말한다.

Elizabeth: In marrying your nephew, I should not consider myself as quitting that sphere. He is a gentleman; I am a gentleman's daughter; so far we are equal. 조카분과 결혼한다고 해서 제가 제 사회적 위치를 벗어나

는 건 아니라고 생각해요. 그분은 젠틀맨이고, 저도 젠틀
맨의 딸이에요. 이 점에서 우리는 동등하죠.
Catherine: True. You are a gentleman's daughter.
But who was your mother? Who are your uncles and
aunts? Do not imagine me ignorant of their condition.
맞아요, 엘리자베스 양이 젠틀맨의 딸이라는 건. 하지만
당신 어머니는 누구셨더라? 외삼촌과 외숙모들은 또 누
구고요? 그 사람들 처지를 내가 모른다고 생각하는 건 아
니겠죠.

우리는 gentle을 보통 '점잖은, 완만한, 순한' 정도의
의미로 이해하지만, 원래 gentle은 '귀족 출신의'라는 뜻의
프랑스어 gentil과 중세 라틴어 gentilis에서 온 말이다. 즉
이 단어는 품행이나 태도보다 사회적인 지위를 나타내는
말이었다.

많은 연구자들은 제인 오스틴의 소설만큼 gentleman
의 개념을 뚜렷하게 보여 주는 사례는 드물다고 말한다.
오스틴이 살던 시대는 조지 4세가 섭정을 하던 섭정 시대
_{Regency era}로, gentleman은 당시 영국의 신분 계층 중 하나
인 gentry 계층의 남성을 가리키는 말이었다. 기존의 토

지 기반 귀족nobility과 달리, gentleman은 상공업으로 부를 쌓아 상류층에 편입된 신흥 부르주아 계급을 뜻했다. 이후 시간이 흐르면서 이 단어는 점차 예의와 품위를 갖춘 사람, 즉 오늘날 우리가 말하는 '신사'라는 의미로 변화하게 된다.

오늘날 gentle은 '태도와 품성이 점잖은', '접근 방식이 부드러운'과 같은 뜻으로 쓰인다.

He is a gentle man — soft-spoken, patient, and never aggressive. 그는 점잖은 사람이다. 온화하고, 인내심 있으며, 공격적이지 않다.

gentle은 다음과 같은 표현에서도 볼 수 있다.

- gentle breeze 부드러운 미풍
- gentle touch 섬세한 손길
- gentle reminder 잊지 않게 슬쩍 상기시켜 주는 말
- gentle slope 완만한 경사
- gentle voice 부드러운 목소리

한편 decent는 '어울리다, 적절하다, 보기 좋다'는 뜻의 라틴어 decēre와, '예의 바른, 단정한, 사회적 기준에 맞는'이라는 프랑스어 décent에서 유래했다. 이 단어의 어근 dek-는 '받아들이다'라는 뜻이 있어서, 사회적인 기준에 부합하는가에 대한 판단이 중요한 의미로 내포되어 있다.

그래서 decent는 공공장소나 사회적 관계 속에서 무례하지 않고 체면을 지키는 태도를 나타낸다. 지극히 한국적인 개념인 '체면'과도 통하는 부분이 있는 단어다. 파티 등에 가거나 사회적 예를 갖춰 옷을 입어야 할 때도 'decent' 하게 차려 입는다고 말할 수 있다.

Make sure you wear something decent to the interview. 면접에는 단정한 옷차림을 하고 가도록 해.

또한 옷을 갈아입고 있는 상황에서 누군가 방에 들어오려 할 때, 굳이 "나 옷 안 입고 있어"라고 말하기 곤란하다면 이렇게 말할 수 있다.

I'm not decent right now. 지금 옷차림이 단정하지 않아요.

decent는 다음과 같은 표현으로도 자주 쓰인다.

- decent job 남들 보기에 괜찮고, 생계가 되는 직업
- decent meal 먹을 만하고 맛도 괜찮은 식사 한 끼
- decent person 예의 바르고 상식적인 사람
- decent chance 해 볼 만한, 꽤 괜찮은 기회

gentle person과 decent person은 모두 가능한 표현이지만, 내포된 의미는 분명히 다르다. gentle person은 성품이 온화하고 타인을 다정하게 대하는 사람이고, decent person은 사회적인 기준에 맞게 행동하며, 예의를 지키는 사람이다.

간단히 정리하면 gentle은 마음의 온도를, decent는 사회적인 격식을 말한다.

∘ 외로운

lonely · alone

lonely 외로운
alone 혼자인

"All by myself / Don't wanna be all by myself any-more."(혼자서 / 더 이상 혼자 있고 싶지 않아요.)

이 문장만 봐도 자동으로 멜로디가 떠오르지 않는가? 워낙 유명해 누구나 한 번쯤 들어 본 곡일 것이다. 캐나다 출신 세계적인 팝스타 셀린 디온이 불러서 유명해진 곡, 「All by Myself」다. 이 구절은 영화『브리짓 존스의 일기』에서 브리짓이 혼자 외로움에 몸부림치며 따라 부르기도 한다. 여기서 by myself는 alone과 같은 뜻으로, '혼자' 있다는 의미다. 그렇다면 이 표현을 '외롭다'는 의미로도 받아들일 수 있을까? 엄밀히 말하자면, 꼭 그렇다고는 할 수 없다. '혼자 있지 않으면 외롭지 않다'는 전제로 보면 두 단어가 비슷하게 느껴질 수 있지만, 사람은 군중 속에서도 외로울 수 있다.

즉 loneliness(외로움)는 단순한 물리적 상태인 aloneness(혼자 있음)에서 비롯되는 것이 아니라, 정서적 단절감에서 생기는 감정이다. 기본적으로 lonely는 심리 상태를 나타내고, alone은 물리적 상황을 설명하는 표현이다. 우리는 종종 alone을 '혼자인'이라고 번역하는 바람에 '사람이 하나뿐'이라는 뜻으로 오해하기 쉽지만, 실제로는 그렇지 않다. 예를 들어 누군가 여자를 납치해 와서 가두고 "여긴 우리뿐이야. 소리 질러도 소용없어"라고 말하는 상황을 상상해 보자. 이 말을 영어로 하면 "We are all alone here. It's no use crying out for help."가 된다. 이 경우 납치범과 여자가 함께 있는 것이므로 절대 '혼자'는 아니다. 『미리엄-웹스터 사전』에서 alone을 찾아보면 "separated from others"(다른 사람들과 떨어져 있는)라고 정의되어 있다. 다시 말해, 한국어에서 말하는 '혼자인'이라는 의미는 엄밀히 말해 없는 셈이다. 물론 적절한 대체어가 없기 때문에 '혼자'라고 번역해야 할 때도 있지만, 좀 더 섬세하게 단어의 쓰임을 구분할 필요가 있다. 예컨대 '남녀칠세부동석'이라는 말처럼, 남자와 단둘이 방에 있지 말라는 문장은 영어로 "Avoid being alone in a room with a man"이라고 할 수 있다.

lonely 역시 '동행이나 함께 있는 사람이 없는'이라는 의미를 내포하긴 하지만, 그 안에는 외롭다는 감정 상태가 전제되어 있다. 흔히 볼 수 있는 표현 중에 "I'm alone, but I'm not lonely"(혼자지만 외롭지 않아)가 있다. 이 문구처럼 alone한 상태라고 해서 반드시 lonely한 것은 아니기 때문에, 이 둘은 원인과 결과처럼 연결되는 개념은 아니다.

lonely의 명사형은 loneliness(외로움)이다. 외로운 심리 상태는 정신적·신체적 건강 모두에 해롭다. 빠르게 변화하는 사회, 치열한 경쟁, 단절된 인간관계 속에서 외로움을 느끼는 사람들이 많아지고 있으며, 이는 하나의 심각한 사회 문제로 떠오르고 있다. loneliness가 social iso-lation(사회적 고립)으로 인식되면서, 이제는 사회가 개입하는 복지 영역으로까지 확장되었다. 실제로 영국은 '외로움 부서'Ministry of Loneliness를 설치해 외로운 사람들을 돕기 위한 정책을 펼치고 있다.

'혼자'라는 표현을 쓸 때, 상황에 따라 alone보다 a loner가 더 적절한 경우도 있다. 그 이유는 앞서 살펴본 의미 차이 때문이다. alone은 단지 물리적으로 '다른 사람들과 떨어져 있는 상태'를 설명하지만, a loner는 습관적이거나 성향상 혼자 있기를 선호하는 사람을 가리킨다. 즉 a loner는 개인의 성격이나 사회적 특성을 묘사하는 표현이다.

He is always by himself, but that's just how he likes it. He's a bit of a loner. 그는 늘 혼자 있는 편인데, 그게 그냥 그 사람 스타일이다. 좀 외톨이 같은 사람이다.

이처럼 a loner는 중립적일 수도 있고, 다소 부정적인 뉘앙스로 쓰이기도 한다. 핵심은 '혼자 있기를 좋아하거나, 자주 그런다'는 점이다. 반면 "He is alone"이라는 문장은 단지 '그 사람이 지금 혼자 있다'는 사실만을 전달한다. 같은 '혼자'라는 말이라도, 영어에서는 그것이 상태인지 성향인지에 따라 단어 선택이 달라지는 것이다.

비슷한 맥락에서 영어에는 a lone wolf라는 표현도 있다. 원래 늑대는 무리를 지어 사냥하는 동물이지만, 가끔 무리를 떠나 혼자 다니는 늑대가 있다. 이 실제 생태에서 비롯된 표현은, 독립적이거나 고립된 방식으로 살아가는 사람을 묘사할 때 쓰인다.

예를 들어 누군가에게 이렇게 물어볼 수 있다. "Are

you a loner?”(혼자 있는 걸 좋아하세요?) 혹은 더 문학적으로, “He's a bit of a lone wolf”(그는 좀 혼자 다니는 스타일이야)라고 표현할 수 있다.

이처럼 loner, lone wolf, alone은 모두 '혼자'를 나타내지만, 각각 담고 있는 의미와 뉘앙스는 분명히 다르다.

We may find ourselves alone at times, but let's not be lonely. 살다 보면 혼자일 때도 있다. 하지만 외롭지는 말자.

counterfeit · knockoff

counterfeit 위조품
knockoff 복제품 혹은 카피품

가짜가 판치는 세상이다. 온라인 쇼핑몰을 뒤지거나 여행지의 시장을 걷다 보면 진짜처럼 보이는 가짜 제품들이 넘쳐난다. 그만큼 가짜를 뜻하는 영어 표현도 다양하고, 상황과 맥락에 따라 미묘하게 다르게 쓰인다.

counterfeit와 knockoff는 둘 다 '가짜'라는 뜻이지만 의미와 법적 함의, 사용되는 맥락이 분명히 다르다. counterfeit은 진짜처럼 보이려고 진품을 정밀하게 베낀 불법 위조품을 말한다. 반면, knockoff는 유명 제품과 비슷하게 보이도록 디자인했지만 의도적으로 진품처럼 속이려는 건 아닌 경우가 많다. 즉 counterfeit은 '불법'이고, knockoff는 경우에 따라 합법적인 모조품일 수도 있다는 점이 가장 중요한 차이다.

counterfeit은 프랑스어 contre(~에 반하여)와 faire

(만들다)가 결합하여 만들어진 단어다. 직역하면 '진짜에 반대되는 무언가를 만들다'는 의미로, 속이기 위한 목적이 핵심이다. 즉 정밀하게 진품을 흉내 내어 사람들을 속이려는 의도가 담긴 불법 복제물이다. 예시로는 counterfeit money(위조 지폐), counterfeit document(위조 문서), counterfeit diamond(위조 다이아몬드), counterfeit signature(위조 서명) 등의 표현이 있다.

She was arrested for selling counterfeit designer handbags. 그녀는 위조 명품 핸드백을 판매한 혐의로 체포되었다.

한편 knockoff는 1930년대 미국 속어 knock off에서 생겨난 말로 '급히 만들어 내다' '흉내 내다'라는 뜻을 지니고 있다. knockoff는 합법적으로 생산 판매되는 경우가 많다. 브랜드 제품의 디자인을 의도적으로 비슷하게 만들었지만, 진짜처럼 속일 목적은 없는 경우가 많기 때문이다. 상표명을 다르게 붙이고 품질도 천차만별인 것이 특징이다. Starbucks를 따라 한 Sunbucks, Dove 비누를 따라 한 Dave 비누, 닌텐도 Playstation을 따라한 Polystation,

초콜릿바 Kit Kat을 따라 한 Kat Kot, Pizza Hut을 따라 한 Pizza Hat, 스포츠 브랜드 Adidas를 따라 한 Abidas 등 knockoff 제품도 셀 수 없을 정도로 많다.

She was wearing knockoff designer shoes, but they looked real. 그녀는 짝퉁 명품 신발을 신고 있었지만, 진짜처럼 보였다.

그렇다면 우리가 일상생활에서 말하는 명품 '짜가'를 가리킬 때는 어떤 표현을 쓸까. 비슷하지만 불법까지는 아닌 제품은 knockoff라고 부르고, 진짜로 속이려는 가짜는 fake라고 하면 된다. imitation이라는 표현도 쓰기는 하지만 구어체에서 "짜가야?"하는 어조로는 거의 쓰이지 않는다. 그보다는 중립적인 표현으로, 단순히 진짜를 모방한 제품을 뜻한다. 보통 인조 재료나 유사 제품을 설명할 때 사용되며 속이려는 의도는 없다.

The chair is made of imitation leather, not real leather. 그 의자는 인조 가죽으로 만들어졌어. 진짜 가죽은 아니야.

replica도 '복제품, 모형'이라는 뜻이다. 예를 들면 박물관 등에서 원작이 손상되거나 오염될 위험이 있어서 대신 전시할 복제품이나 큰 건축물 등을 작은 크기로 똑같이 만들어 전시하는 모형을 가리킬 때 쓰인다. 롯데월드 민속박물관에 가면 경복궁을 본딴 작은 모형을 만들어서 전시하는데 이런 작품을 replica라고 한다.

stare · gaze

---

stare 뚫어지게 쳐다보다
gaze 가만히 바라보다

한국에 사는 외국인들이 한국 생활에서 불편한 점을 말하라고 하면 빠지지 않고 나오는 얘기 중 하나가 "Koreans stare!"이다. 한국인의 입장에서는 단순히 눈길을 준 것일 수 있지만, 영어권 사람들에게 stare는 훨씬 더 불편하고 공격적으로 느껴지는 행위다. 왜 그렇게 받아들여질까?

stare는 단순히 '보다'의 의미를 넘어, 눈을 크게 뜨고 오랫동안 뚫어지게 바라보는 행위를 뜻한다. 그것도 아무 말 없이, 거리낌 없이 계속 응시하는 행위. 이 단어는 고대 영어 starian에서 유래했으며, '눈을 크게 뜨다', '멍하니 바라보다'는 뜻에서 출발해 오늘날에는 감정이 배제된 무표정한 시선부터 불쾌함을 주는 응시까지 폭넓게 쓰인다.

서구 문화권에서는 누군가를 오래 빤히 바라보는 것 자체가 예의에 어긋난다. 특히 모르는 사람이 자신을 stare

할 경우, 다음과 같이 생각할 수 있다.

"내가 이상해서 쳐다보는 건가?" "왜 나를 뚫어지게 보지? 위협적인데?" "내 외모나 행동을 평가하고 있는 건가?" 즉 stare는 단순한 '보기'가 아니라 불청객 같은 시선이자 사회적 경계를 넘는 행위로 인식된다. 그래서 "He's staring at me!"라고 말할 때는 단순히 누군가 자신을 보고 있다는 의미가 아니라 그 시선이 무례하고 불쾌하다는 감정을 표현하는 것이다. 하지만 stare가 항상 부정적인 뜻을 갖는 것은 아니다. 어떤 것에 감탄하거나 경이로움을 느낄 때나, 깊은 생각에 빠졌을 때도 자연스럽게 stare를 쓸 수 있다. 이 경우는 말없이 한곳을 오래 바라보게 되는 상태를 표현한다.

- She stared at the sunset, mesmerized by the colors. 그녀는 해질녘 하늘의 색에 넋을 잃고 바라보았다.
- The child stared at the magician with wide eyes. 아이는 마술사를 눈을 동그랗게 뜨고 바라보았다.

이에 비해 gaze는 조용하고 찬찬히 바라보는 응시를 뜻하는 경우가 많다. 즉 stare가 놀라움이나 불쾌함, 의심 등의 감정에서 비롯된 강한 시선이라면 gaze는 감탄하거나 사색에 잠겨 조용히 바라보는 시선이다.

- She gazed at the ocean as the sun went down. 그녀는 해가 지는 바다를 바라보았다.
- He gazed at her with love in his eyes. 그는 사랑이 담긴 눈빛으로 그녀를 바라보았다.

이처럼 gaze에는 감정, 감탄, 몰입이 함께 담겨 있어 stare와는 뚜렷하게 구별된다. 그래서 gaze는 아름답거나 인상적인 대상을 감상할 때 자주 쓰이는데, 대표적인 표현이 바로 star gazing이다. star gazing은 별을 바라보며 사색하거나 감상에 잠기는 행위를 뜻하며 자연과 정서적으로 교감할 때 쓰인다. 이와 비슷하게 bird gazing이나 dolphin gazing 같은 표현도 있다. 물론 새를 관찰할 때는 bird watching이라는 표현을 사용할 수도 있다. 그러나 bird watching이 조류 관찰이나 연구 목적의 시선을 뜻한다면, bird gazing은 새를 바라보며 즐기는 행위에 더 가깝다. 돌고래도 마찬가지다. 연구 목적 관찰은 dolphin watching이라 할 수 있지만, 해안에 앉아 솟구치는 돌고래를 바라보며 감동하는 순간은 dolphin gazing이라는 표현이 더 잘 어울린다. 제주도 서귀포 등지에도 이런 dolphin gazing을 즐길 수 있는 '돌고래 포인트', '돌고래 핫플' 등으로 불리는 곳들이 있다.

한편 gaze는 미술 이론에서도 중요한 개념이다. 그림 속 인물의 시선을 기준으로 시선은 크게 두 가지로 나뉘는데, 바로 gaze와 demand다. gaze는 그림 속 인물이 화면 밖 감상자가 아닌 다른 대상을 바라보고 있을 때를 뜻한다. 이 경우 감상자는 인물의 시선으로부터 자유로우며, 마치 몰래 들여다보는 듯한 느낌을 받는다. 특히 누드화나 감상 중심의 작품에서는 이런 시선이 감상자에게 심리적 거리감을 제공한다.

반면 demand는 그림 속 인물이 감상자를 직접 바라보는 경우를 말한다. 이때 시선은 감상자에게 심리적 요구나 긴장감을 불러일으킨다. 여기서 demand는 단순히 '요구'라는 의미가 아니라 시선을 통해 감상자에게 말을 거는 행위를 뜻한다. 번역어로는 '응시'(시선으로 전하는 요구), 또는 '직시' 정도가 자연스럽다.

살다 보면 무언가를 멈춰 서서 뚫어지게 바라보게 되는 stare의 순간들이 있다. 가능하다면 그런 순간들이 gaze

로 바뀌는 여유를 자주 누릴 수 있으면 좋겠다. star gaz
ing, 참 좋지 않은가.

temporary · provisional

temporary 임시의, 일시적인
provisional 잠정적인, 가안假案의

챗GPT 화면 오른쪽 상단, 계정 정보 아이콘 옆에는 'tem-porary'라는 아이콘이 뜬다. 이 아이콘을 누르고 챗GPT를 사용하면 주고받은 대화가 서버에 저장되지 않고 일정 시간이 지나면 자동으로 사라진다. 여기서 temporary는 '임시의', '일시적인'이라는 뜻으로, 대화 기록이 영구적으로 남지 않고 잠시 동안만 존재하다 사라진다는 의미다. 즉 temporary는 영구적이지 않고 잠깐 동안 유지되는 상태를 나타낼 때 쓴다.

temporary는 '시간'을 뜻하는 라틴어 tempus에서 유래했으며, '잠시 지속되는'이라는 뜻을 갖고 있다. 중요한 것은 temporary 상태가 일정 기간 동안만 유지되고, 이후에는 어떻게 될지 예측할 수 없다는 점이다.

- This patch is only a temporary solution; we need to fix the software bug permanently. 이 패치는 일시적인 해결책일 뿐이다. 우리는 소프트웨어 버그를 영구적으로 고쳐야 한다.
- The medication provided temporary relief from the pain. 이 약은 고통을 일시적으로 완화해 줄 뿐이다.

위 예문에서 temporary solution이나 temporary relief는 문제를 근본적으로 해결하지 못하며, 이후 어떤 조치가 필요할지는 구체적으로 정해지지 않았다. 또한 temporary는 '한정된 기간 동안의 상태'라는 점에서, temporary job(임시직), temporary shelter(임시 대피소)처럼 비교적 중립적인 의미로도 쓰인다.

한편 provisional은 '최종 결정이 내려지기 전까지 임시로 정해 놓은 것'을 뜻한다. 예를 들어 비행기 티켓을 예약했지만 항공사에서 아직 최종 확정을 받지 못한 상태라면, 그 예약은 provisionally booked되었다고 할 수 있다. 즉 확정되기 전까지 임시로 잡아둔 상태를 말하며, '임시 방편으로 사용되지만 궁극적으로는 다른 것으로 대체될 것'이라는 뉘앙스를 지닌다.

- The country was under a provisional government until the official elections took place. 그 나라는 공식 선거가 열릴 때까지 임시 정부 하에 있었다.
- She received a provisional driver's license valid for six months. 그녀는 6개월 동안 유효한 임시 면허증을 받았다.

위 문장에서 provisional government는 정식 정부가 구성되기 전까지의 임시 체제를 뜻하고, provisional driver's license는 최종 면허증 발급 전까지 한시적으로 발급된 것이다.

'일시적인'이라는 뜻의 다른 유의어로 tentative와 interim도 있다. tentative는 '시험해 보는'이라는 뜻의 중세 라틴어 tentativus에서 왔으며, '아직 확정되지 않았거나 추가 검토가 필요한 상태'를 뜻한다. 따라서 tentative에는 '불확실함'이 전제되어 있다.

The dates for the workshop are tentative and may change based on the availability of the speakers. 워크숍 날짜는 아직 잠정적이며 연사 초빙 여부에 따라 변경

될 수 있다.

provisional과 tentative는 상황에 따라 바꿔 쓰기도 하지만, 의미의 초점은 다르다. provisional은 '나중에 확정되기 전까지 임시로 정한 상태'를 강조하는 반면, tentative는 '확실하지 않아 언제든 바뀔 수 있는 상태'를 뜻한다.

"이번 주 토요일에 만나기로 했어. 확정되진 않았지만 안 바뀔 거야"는 임시로 정해졌지만 일단 유효하므로 provisional plan이고, "이번 주 토요일에 만나자. 하지만 마음대로 바뀔 수도 있어"는 tentative plan이다. 우리 삶의 여정을 provisional과 tentative를 써서 표현해 보면 이렇게 말할 수 있지 않을까.

Life's journey is provisional, for nothing is guaranteed. It is also tentative, as it unfolds through unexpected mysteries. 인생의 여정은 임시적이다. 아무것도 확실하지 않기 때문이다. 동시에 잠정적이기도 하다. 예기치 못한 신비로움 속에서 펼쳐지기 때문이다.

○ 자유

freedom · liberty

---

freedom 하고 싶은 대로 행동하고 선택할 수 있는 자유,
외부의 방해 없이 마음대로 살 수 있는 상태
liberty 억압이나 구속에서 풀려난 상태

한국어로는 freedom과 liberty 둘 다 '자유'라는 단어로 번역되지만, 사실 freedom이 더 범위가 넓은 자유다. liberty는 억압과 구속으로부터의 자유라는 의미가 강해서, '해방으로서의 자유'라고 생각하면 조금 더 정확할 것 같다. 그래서 liberty의 동사형인 liberate는 '해방시키다'라는 의미다. 한국의 광복절은 일본의 식민 지배라는 억압에서 벗어난 날을 가리키므로 Liberation Day라고 한다. 미국의 상징이기도 한 자유의 여신상이 The Statue of Freedom이 아니라 The Statue of Liberty인 이유도 여기에 있다. 자유의 여신상은 깨진 사슬을 밟고 서 있는데, 이는 구대륙(유럽)의 계급과 오랜 질서가 주는 억압에서 해방되고 싶은 자들이 찾아온 기회의 땅이 미국이라는 점을 상징적으로

잘 보여 준다.

freedom이라는 단어는 '자유로운'이라는 뜻의 옛날 영어 frēo에 '상태, 조건, 성질'이라는 뜻을 가진 -dom이 붙은 단어이다. (-dom이라는 접미사는 wisdom, king-dom에서도 같은 뜻으로 쓰인다.) 즉 '자유로운 상태, 속박되지 않은 상태'를 가리키는데, 과거에는 전쟁 포로나 노예 신분이 아니라는 뜻으로 많이 쓰였다. 중세 시대로 접어들면서는 뜻이 발전하면서 세금이나 선거권 같은 특권을 가질 수 있는 법적 권리를 의미하게 되었다. 농노라는 신분에서 벗어나 자유롭게 살아갈 수 있는 법적 권리 역시 freedom of the city라고 불렀다. 계몽주의 시대에 접어들면서 자유는 인간의 기본권으로 보장되어야 할 권리라는 인식이 생겨났고, 이러한 개념은 점차 발전해 오늘날에는 표현의 자유를 넘어 동물권에 이르기까지 확장되며 폭넓은 인권 담론에서 핵심적인 개념으로 자리 잡고 있다.

Freedom is not something that anybody can be given. Freedom is something people take, and people are as free as they want to be. 자유는 누구에게나 주어지는 것이 아니다. 자유는 차지하는 것이기에 사람들은 자신이

원하는 만큼 자유로울 수 있다.

제임스 볼드윈이 말한 이 명언이 freedom의 의미를
잘 나타내고 있다. freedom이 자유를 '차지하는' 능동적
인 상태임을 잘 나타내는 말이다. 넬슨 만델라의 다음 발언
은 freedom의 의미를 더욱 확장시킨다.

For to be free is not merely to cast off one's chains,
but to live in a way that respects and enhances the
freedom of others. 자유롭다는 것은 단순히 사슬을 벗어
버리는 것을 의미하지 않는다. 다른 이들의 자유를 존중
하고 강화하는 방식으로 사는 것을 의미하기 때문이다.

즉 freedom은 나 자신이 자유로운 것뿐만 아니라 다
른 존재의 자유까지도 존중하고 이를 지켜 주고 강화하
는 행위로 확대되는 개념이다. 따라서 동물권에 관해 이
야기할 때 freedom을 쓴다. 영국의 동물복지법에서는 동
물에게 다섯 가지 자유The Five Freedoms가 있다고 말하는
데, 2006년 영국 법률에 제정된 동물의 freedom은 다음과
같다.

① Freedom from hunger and thirst 굶주리지 않고 목마르지 않을 자유

② Freedom from discomfort 불편하지 않을 자유

③ Freedom from pain, injury or disease 고통과 부상과 질병에 시달리지 않을 자유

④ Freedom to express normal behavior 정상적인 행동을 표현할 수 있는 자유

⑤ Freedom from fear and distress 공포와 고통을 겪지 않을 자유

free from은 '~가 없는'이라는 뜻이어서, 여기서 freedom은 '~이 없는 자유' 등으로 직역해도 괜찮다. ④ '정상적인 행동을 표현할 자유'라는 건 예를 들면 다음과 같다. 닭은 흙을 파헤치면서 돌아다니는 일이 극히 본성에 맞는 행위다. 그런데 인간에 의해 어딘가에 갇혀 '정상적으로' 행동하지 못하는 일이 빈번하기 때문에 자유롭게 흙이나 땅을 밟는 자유가 필요하다는 뜻이다.

liberty는 라틴어 liber(자유로운 사람)와 libertas(자유로움)에서 유래했으며, 본래 '스스로 선택할 수 있는 사람'을 의미했다. 이는 '성장하다, 사람답게 살다'는 뜻의 인

도유럽어 leudh에서 비롯된 말로, 자유가 개인의 독립뿐 아니라 공동체 안에서 이루어진다는 의미도 내포한다. 영어권에서는 17세기 종교 박해와 정치적 억압을 겪으며 '억압과 구속에서 벗어날 권리'라는 의미로 발전했고, 프랑스 혁명의 슬로건 'Liberty, Equality, Fraternity'(자유, 평등, 박애)에 포함되며 현대 자유 개념의 핵심이 되었다.

liberty에는 재미있는 용법이 하나 있다. liberty는 제멋대로 행동한다는 의미도 있는데, take liberty of ~ing라고 쓰면 '제멋대로 ~하다'라는 뜻이다. 매우 정중하고 격식 있는 표현으로 일상 대화에서 자주 쓰이지는 않고, 보통 이메일이나 편지 등에서 쓰인다.

- I hope you don't mind, but I took the liberty of organizing your bookshelf while you were out. 어떡하죠? 당신이 자리를 비운 동안 제가 멋대로 당신 서가를 정리했어요.
- Since you were running late, I took the liberty of ordering coffee for both of us. 당신이 늦길래 제가 마음대로 우리 둘 커피를 주문했어요.

간단히 다시 정리해 보자면 liberty는 억압이나 구
에서 벗어나 얻는 자유, 즉 '사슬을 끊는 자유'를 뜻하고,
freedom은 본래부터 방해받지 않고 누리는 자유, 마치 '창
공을 자유롭게 나는 듯한 자유'를 의미한다.

disaster · catastrope

diaster 인명·재산에 큰 피해가 생기는 재난
catastrope 피해가 막대하고 치명적인 재앙

우리는 재난과 재앙이 잦은 시대에 살고 있다. 기후 위기로 인한 다양한 재난이 재앙으로 번지는 가운데, 국제 정치·경제 속에서 인간이 일으킨 전쟁 소식도 간간이 들려온다. 우리나라에서도 '재난'과 '재앙'의 뉘앙스와 쓰임새가 조금 다른 것처럼, 영어로도 각각을 가리키는 단어를 정확히 알아둘 필요가 있다.

이와 관련된 영어 표현인 disaster와 catastrophe는 어원부터 매우 흥미롭다. disaster는 라틴어 접두사 dis-(떨어져, 멀리)와 '별, 운명'을 뜻하는 -astrum이 합쳐져 만들어졌다. 고대인들은 재난을 불길한 별자리의 영향으로 보았기 때문에, '별자리의 질서에서 벗어난 일'이라는 뜻으로 disaster를 사용했다.

반면 catastrophe는 그리스어 접두사 kata-(아래로)

와 '뒤집다, 전환하다'는 뜻의 -strephein이 결합해 '완전히 뒤집힘' 혹은 '극적인 전환'을 의미한다. 고대 그리스 연극에서는 비극의 결말에 일어나는 대파국을 가리키는 용어로 사용되었다. 따라서 catastrophe는 인생이나 상황이 한순간에 무너지는 큰 재앙을 뜻하며, disaster보다 더 결정적이고 영향력이 큰 사건을 의미한다.

즉 disaster는 지진, 홍수, 교통사고 등 비교적 흔한 재난을 가리키는 반면, catastrophe는 훨씬 더 극적이고 파괴적이며, 빈도는 낮지만 대지진, 전쟁, 문명 붕괴처럼 인생을 송두리째 뒤바꿀 수 있는 상황을 나타낸다. 두 단어 모두 자연재해와 인위적 재난 모두에 사용 가능하다.

The Chernobyl explosion was a man-made disaster. 체르노빌 사고는 인위적인 재난이었다.

disaster의 사례로는 2025년 3월 미얀마 지진, 2024년 미국 허리케인 헬렌, 2024년 유럽 폭염과 홍수를 들 수 있다. 하지만 2023년 리비아에서 폭풍 다니엘이 강타해 동부 도시 데르나의 댐 두 개가 붕괴되며 수천 명의 사상자와 실종자가 발생하고 도시 대부분이 파괴된 참사는 회복이

어려운 국가적 재앙으로, catastrophe에 해당한다. 2011
년 3월 11일 일본 도호쿠 대지진과 쓰나미 역시 복합적인
국가 위기를 초래해 catastrophe로 분류된다. 당시 만 팔
천 명 이상의 사망자와 실종자가 발생했고, 후쿠시마 원전
방사능 누출 사고도 일어났다.

- International organizations are mobilizing to assist
  Myanmar in recovering from the disaster caused by
  the massive earthquake. 국제 기구들은 미얀마가 대규
  모 지진이 초래한 재난에서 회복하도록 도우려고 발빠르
  게 움직이고 있다.
- The 2011 Tōhoku earthquake and tsunami was a cat-
  astrophic event that devastated northeastern Japan.
  2011년 도호쿠 대지진과 쓰나미는 일본 북동부 지역을
  초토화시킨 재앙적인 사건이다.

기후 위기 등으로 인한 산불과 폭염으로 여러 국가
에서 국가 재난 사태를 선포하는 일이 잦아지고 있다. '국
가 재난 사태를 선언하다'는 영어로 declare a state of
national disaster라고 표현하지만, 상황마다 조금씩 다

르다. 예를 들어 미국에서는 캘리포니아 산불 같은 경우 disaster로 분류하면서도, 행정 용어로는 declare a state of emergency(국가 비상사태 선포)를 사용한다.

참고로 미국에서 재난 경고 등급은 다음과 같다.

1단계 Advisory(주의보), 2단계 Watch(예비경보), 3단계 Warning(경보), 4단계 Emergency(비상사태). 한국은 보통 2단계 체계로 주의보Advisory와 경보Warning를 발령하며 자연 재난 등에 대해 경고한다.

○ 전설

legend · myth

legend 전설, 설화, 위인
myth 신화, 근거 없는 믿음

legend와 myth 두 단어 모두 '옛날이야기'와 비슷한 뜻이라고 생각하기 쉽다. 물론 문자 그대로 각각 '전설'과 '신화'라는 의미로 쓰인다. 예를 들면, 『아서왕과 원탁의 기사』는 영국에서 가장 유명한 legend(전설) 중 하나다. legend는 실제로 일어난 이야기가 아니라, 말 그대로 '전해 내려오는 이야기'를 뜻한다. 그래서 아서 왕과 원탁의 기사들은 실존 인물이 아니라 이야기 속 인물이다. 아서 왕 전설은 여러 버전으로 기록되어 있는데, 일반적으로는 앵글로족과 색슨족의 침입에 맞서 싸운 켈트족 지도자로 그려진다. 아서 왕이 실제 인물이었는지는 확인할 수 없지만, 앵글로족과 색슨족이 영국에 침입해 왔다는 것은 역사적 사실이고 이에 저항한 켈트족이 존재했다는 것도 사실이다. 즉 legend는 역사적 사실에 어느 정도 기반을 두고 있으며, 실존했을 가능성이 있는 인물에 대한 이야기다. 일부는 사실일 가능성도 있다. 아서 왕뿐 아니라 로빈 후드, 한국의 단군 왕검 등도 legend에 해당한다.

반면 myth는 신적인 존재가 등장하고 우주나 창조에 관한 이야기를 담는다. 신이나 괴물 같은 초자연적 존재를 통해 세상의 질서나 가치관을 설명하는 상징적이고 은유적인 이야기다. 예를 들어 그리스 로마 신화나 창세기, 부처가 요괴를 쫓는 이야기 등이 이에 해당한다.

영국의 오래된 신화 중 하나인 '그린 맨'은 기독교가 들어오기 이전 고대 유럽의 자연 숭배 사상에서 비롯된 존재로, 자연의 힘을 의인화한 신화적 인물이다. 그린 맨은 죽었다가도 다시 살아나는 힘을 가지고 있는데, 이는 겨울에 죽고 봄에 다시 살아나는 자연의 주기를 은유적으로 표현한 것이다. 흥미로운 점은 이 myth가 이후 기독교 문화와 만나 아서 왕 전설의 한 이야기인 『가웨인 경과 녹색 기사』 속 녹색 기사의 모습으로 등장한다는 것이다. myth와 legend가 결합된 사례로서 매우 흥미롭다.

더 깊이 파 보면 이 둘의 용법은 더욱 큰 차이가 난다. 사람이나 무언가가 전설을 낳을 만큼 뛰어난 경우, 우리말을 그대로 옮겨 "It is a legend"와 같이 표현한다.

Michael Jordan is a legend in the world of basketball.
마이클 조던은 농구계의 전설이다.

legend에는 '동전이나 표지판에 쓰인 명각(글자)'이라는 뜻도 있고, 지도에 쓰인 기호 등을 모아 놓은 상자 안 설명을 'map legend'(지도범례)라고 하기도 한다.

myth는 '허구', 즉 진짜가 아니라 만들어 낸 이야기라는 뜻으로 쓰인다. 영어교육 전공 서적에는 myth 시리즈가 있다. 예를 들어 『Vocabulary Myth』라는 책에서는 어휘 학습과 관련해 우리가 잘못 알고 있는 통념을 myth라고 칭하며, 이 통념들을 과학적인 근거를 들며 하나씩 부수는 내용이 담겨 있다. 이렇듯 myth는 과학적으로 옳지 않은 이야기라는 뜻으로도 쓰인다. myth는 다음과 같이 활용할 수 있다.

The practice of bloodletting is now considered a myth in modern medicine. 피를 뽑는 치료법은 현대 과학에서는 근거 없는 믿음으로 간주된다.

실제 서구 중세 시대에는 피를 흘리게 해서 치료하는

엉뚱한 치료법이 있었다. 영국의 전설 『로빈 후드』에서 이 치료법으로 로빈 후드가 죽는다.

그런가 하면 urban myth도 있는데, '도시 괴담' 정도로 번역할 수 있다. 한국에서 가장 유명한 urban myth는 아마 fan death(선풍기 괴담)일 것이다. 한때 선풍기를 틀고 자면 죽는다는 과학적 근거가 없는 이야기들이 줄을 잇고, 심지어 언론 매체에서조차 이 괴담을 거듭 재생산하고는 했다. 서구 도시에서 가장 유명한 urban myth는 바로 black-eyed children(검은 눈의 아이들)이다. 사람이 없는 주차장에서 차를 몰고 나가려는데 눈동자 전체가 새까만 두 아이가 다가와 차에 태워 달라고 말하고, 묘한 불길함을 느낀 운전자가 그들을 태우지 않고 떠났다는 이야기다.

한국말로는 무언가를 칭송할 때 '전설이다', '신화를 썼다'라는 표현으로 써도 모두 자연스럽지만, 영어로는 myth를 쓰면 다른 의미가 되니 주의해야 한다. 예를 들어 '그 권투 선수는 15연승이라는 신화를 썼다'라는 문장을 영어로 번역한다고 해 보자. 이때는 문자 그대로 myth를 쓰면 안 되고 legend를 써야 한다.

The boxer created a legend with his 15 consecutive wins.

216

정리하자면 It's a legend와 It's a myth는 한국어로 각각 "그건 전설이야", "그건 신화야"라고 직역할 수 있지만, 실제 원어민들이 받아들이는 뉘앙스는 꽤 다르다.

- It's a legend. 그건 정말 대단해! → 감탄이나 찬사를 담아 전설적인 인물이나 사건을 칭찬할 때
- It's a myth. 그건 사실이 아니야. 지어낸 얘기야. → 잘못된 믿음이나 거짓 정보라는 뜻

◦ 전염성 있는

contagious · infectious

contagious 전염성 있는, 전염되는, 옮기 쉬운
infectious 감염성의, 감염을 일으키는, 감염되는

The average person touches their face 2,000~3,000 times a day. Three to five times every waking minute. In between, we're touching doorknobs, water fountains, elevator buttons, and each other. That's how infectious diseases spread.
사람들은 평균 하루에 2,000~3,000번 얼굴을 만진다. 깨어 있는 동안 분당 35번씩이다. 그사이에 우리는 문손잡이, 음수대, 엘리베이터 버튼, 그리고 서로를 만진다. 그렇게 감염병이 퍼진다.

2011년 영화 『컨테이젼』에서 케이트 윈슬렛이 연기한 질병통제예방센터CDC 소속 역학조사관 에린 미어스 박사의 말이다. 영화 제목은 'Contagion'인데, 에린 미어스

박사는 infectious라는 단어로 감염병을 설명한다. 두 단어가 어떻게 다른 걸까?

contagious는 '접촉하는'이라는 의미의 라틴어 contagio에서 유래했다. 이 단어는 원래는 육체적으로나 도덕적으로 '깨끗하지 않은 상태'를 가리키는 부정적인 의미로 쓰였다. 오늘날 contagious는 직접적이든 간접적이든 '접촉을 통해' 전염되는 경우에 사용된다. 여기에는 단순한 피부 접촉뿐만 아니라 호흡기에서 나온 비말(침방울)을 통한 감염도 포함된다. 독감이나 수두가 대표적인 예다. 또한, 성관계를 통해 전파되는 질병도 contagious한 질병에 속한다.

한편 infectious는 '망치다, 더럽히다'라는 뜻을 가진 라틴어 inficere에서 유래했으며, 주로 공기, 물, 또는 오염된 물질을 통해 병이 전달되는 경우를 가리킨다. 박테리아, 바이러스, 곰팡이, 기생충과 같은 미생물에 의해 발생하는 감염 역시 infectious하다고 한다. 모든 감염이 전염성이 있는 것은 아니다. 예를 들어 말라리아는 모기를 통해 전파되므로 infectious하지만 contagious하지 않다. 마찬가지로, 라임병이나 식중독도 infectious하지만 contagious하지 않다. 반면, 감기, 수두, 홍역 등은 infectious하면서 동시에 contagious한 질병이다.

이제 왜 영화 제목이 Contagion, 전염인지 이해할 수 있다. 단순히 감염infection만 일어나고 다른 사람에게 옮겨지지 않는 질병은 사회적 여파가 제한적이다. 하지만 전염력을 가진contagious 질병은 빠르게 퍼지며 사호 전체에 큰 영향을 미치기 때문에, 영화에서는 이러한 특성을 강조해 Contagion이라는 제목을 사용한 것이다.

때때로 contagious와 infectious는 비유적인 의미로도 사용된다. 예를 들어 하품이나 웃음은 '전염된다'고 표현하는데, 이때는 실제 접촉 여부와 상관없이 둘 다 사용할 수 있다. 따라서 "A laugh or smile is contagious. / A laugh or smile is infectious" 두 문장 모두 맞는 표현이다.

그렇다면 코로나바이러스는 contagious일까, infectious일까? 정답은 둘 다. 바이러스에 의해 발생하기 때문에 infectious하며, 사람 간 접촉을 통해 퍼지기 때문에 contagious하기도 하다.

또한 감염을 표현할 때는 구어체와 공식적인 표현이 다를 수 있다.

- I caught your cold. 너한테 감기 옮았어.

- I contracted the viral infection you had. 나는 당신이 걸
  린 바이러스에 감염되었습니다.

하지만 '병에 걸리다'라고 표현할 때 모든 질병에 con-
tract를 쓸 수 있는 것은 아니다. contract를 사용하는 질병
은 바이러스나 감염성 질환, contract를 사용하지 않는 질
병은 만성 질환이나 유전적, 환경적 요인에 의한 질병이다.

- contract the flu 독감에 걸리다
- contract AIDS 에이즈에 걸리다
- contract COVID-19 코로나에 걸리다
- contract chickenpox 수두에 걸리다
- contract measles 홍역에 걸리다

- have diabetes 당뇨병이 있다
- develop asthma 천식을 앓게 되다
- have cancer 암에 걸리다
- develop Alzheimer's disease 알츠하이머병이 발병하다

정리하자면 contagious는 사람 간 접촉을 통해 전염

되는 성질을 의미하고, infectious는 병원체에 감염될 수 있는 성질, 즉 감염력에 초점을 둔 표현이다. 두 단어는 완전히 같은 뜻이 아니므로 문맥에 따라 구분해서 사용하는 것이 좋다.

whole · entire

whole 전체의

entire 전부의

"Climate change will harm the entire nation if the U.S. doesn't act now."(미국이 지금 조치를 취하지 않으면 기후 변화는 미국 전체에 악영향을 끼칠 것이다.)

2018년 『LA 타임스』에 실린 기사 중 한 구절이다. 연방 보고서를 인용해 기후 변화로 인해 미국 전역이 경제적·환경적 피해를 입을 것이라고 경고한 기사였다. 한편, 2025년 파키스탄과 인도 사이의 긴장이 고조되면서 이런 문장이 언론에 등장했다. "The whole nation was united against India."(온 국가가 인도에 대항해 뭉쳤다.)

이 두 문장에서 entire와 whole은 모두 '전체의'라는 의미로 쓰였지만, 강조점이 다르다. entire는 '예외 없이 모든 구성원이 포함된 전체'를 강조한다. 즉 국가의 모든 지역, 국민, 산업이 빠짐없이 영향을 받는다는 의미로, 포

괄성에 초점이 있다. 반면 whole은 '하나로 뭉친 단일체'
라는 의미에 가까우며, 통합성과 결속력을 강조한다. '모
든 구성원이 하나처럼 움직였다'는 뉘앙스를 풍긴다. 정리
하자면 entire는 '개별 요소가 빠짐없이 모두 포함된 총합'
에 초점을 두며, whole은 '하나로 결속된 온전한 상태'에
더 가깝다. 예를 들어 보자.

- The entire building was evacuated. 건물 안의 사람들이
  모두 대피했다.
- The whole building shook. 온 건물이 흔들렸다.

두 단어는 다음 문장처럼 실제 문장 안에서 큰 차이 없
이 쓰이는 경우도 많다.

(The whole nation / The entire nation) mourned the
death of the young soldiers. 온 나라가 그 젊은 군인들의
죽음을 애도했다.

다만 the entire nation이 좀 더 자주 쓰이는 표현이
다. entire는 whole보다 약간 더 격식 있는 어근이다. 그래

서 the entire book, the entire team, her entire lifetime 처럼 문어체에서 많이 쓰인다.

entire가 좀 더 문어체에 어울리며 추상적인 느낌이라면, whole은 구체적이고 실체가 있는 대상(몸, 음식, 수 등)에 자주 붙으며, 쓰임이 훨씬 구체적이고 관용적으로 굳은 표현이 많다. 즉 어떤 경우엔 entire로 바꾸면 어색하다. 아래는 whole을 entire로 바꿀 수 없는 몇 가지 예시인데, 보면 감이 올 것이다.

- whole grain 통곡물
- whole milk 전지우유(지방을 제거하지 않은 우유)
- whole wheat 통밀
- whole number 정수
- whole lot (of) 아주 많은 (숙어이므로 entire lot (of)는 어색함)

또한 whole이 단순히 '전체의'라는 의미가 아니라 '결핍이 채워져 완전한, 온전한'이라는 감정적·내면적 의미로 쓰이는 경우 역시 entire로 바꿀 수 없다.

After reconnecting with her birth parents, she finally felt whole again. 낳아준 부모를 다시 만나고 나서야 그녀는 마침내 자신이 온전하다고 느꼈다.

whole은 자신과 타인, 세상과의 연결 속에서 '부서지지 않은 자아'를 되찾은 상태를 의미한다. 예를 들어 그림책 『빨간 늑대』에서는 탑에 갇혀 지내던 공주가 스스로 빨간 늑대 옷을 만들어 입고 숲으로 탈출한다. 숲속에서 춤추고 노래하며 자신과 자연이 하나가 되는 장면은, 공주가 처음으로 자신답게 존재하며 'whole'해지는 순간으로 묘사된다. 이는 타인의 시선이 아닌, '자기다움'에 가장 가까운 상태를 뜻한다. 영화 『제리 맥과이어』에 나오는 유명한 대사 "You complete me"는 "You've made me whole"이라고도 바꿔 말할 수 있다. 감정적 결핍을 채워 비로소 온전한 사람이 되었다는 의미다.

한편 whole에서 파생된 형용사 wholesome은 보통 '건강에 좋은'이라는 뜻으로 많이 쓰인다.

The soup is made from wholesome ingredients. 그 수프는 건강한 재료로 만들어졌다.

하지만 wholesome은 단지 음식에만 쓰이지는 않는다. wholesome lifestyle, wholesome environment처럼 '건강하고 긍정적인' 또는 '건전한'이라는 의미로도 자주 사용된다. 어원적으로 보면, whole(온전함)+-some(성향, 특성)으로 구성되어 '온전함의 특성을 지닌 것'이라는 뜻이다.

마무리는 이런 축복으로 해 보자.

I hope your entire life is filled with wholeness and well-being. 당신의 삶 전체가 온전함과 안녕함으로 채워지기를 바랍니다.

당신 삶의 어느 한 조각도 빠지지 않고 모두 다채롭고 평안하기를 바라는 마음이다.

tradition · convention

tradition 전통
convention 관습, 관행

우리말에서 '전통'이나 '관습'이라고 하면 예르부터 이어져 내려오는 생활 양식이나 행위를 떠올리는 경우가 많다. 그래서 영어 단어 tradition과 convention도 비슷한 의미로 받아들이기 쉽지만, 이 둘 사이에는 분명한 뉘앙스 차이가 존재한다.

tradition은 '넘겨주다', '물려주다', '양도하다'는 뜻의 라틴어 traditionem에서 유래했다. 세대를 거쳐 전해 내려온 사고방식이나 행동양식을 가리키며, 오랜 역사적 기반 위에 형성된 문화적·종교적·사회적 실천을 포괄한다. 예컨대 명절을 지키는 방식, 결혼이나 장례를 치르는 의식, 특정 음식을 조리하고 먹는 전통적인 방법 등이 이에 해당한다.

- In our family, it's a tradition to gather for a big Sunday dinner every week. 우리 가족은 매주 일요일 저녁에 다 함께 모여 성대한 식사를 하는 전통이 있다.

- Fasting during the month of Ramadan is a tradition that Muslims observe as a part of their faith. 라마단 기간 동안 금식하는 것은 무슬림이 신앙의 일부로 지키는 전통이다.

반면 convention은 라틴어 conventionem에서 유래했으며, 본래 '모임', '회합', '협의'라는 의미를 지녔다. 과거로부터 물려받은 것이라기보다는 동시대 사람들이 합의나 관행을 통해 만들어 낸 규칙이나 방식에 가깝다. 여전히 '대규모 회의'라는 뜻으로도 쓰이지만, 주로 사회적·문화적 합의에 의해 정착된 일종의 규범을 가리킨다.

- In English writing, it is a convention to use a comma before the coordinating conjunction in a compound sentence, such as in the phrase "We went to the movies, and then we had dinner." 영어 작문에서는 "We went to the movies, and then we had dinner"와 같은

복문에서 등위 접속사 앞에 쉼표를 찍는 것이 관행이다.

- The use of perspective in Renaissance painting was not just an innovation; it became a lasting convention in Western art. 르네상스 회화에서의 원근법 사용은 단순한 혁신을 넘어 서구 미술의 지속적인 관행으로 자리 잡았다.

이처럼 tradition은 어떤 사물이나 행위의 문화적·역사적 가치를 강조하며, 그것을 지키고 보존해야 한다는 맥락에서 자주 쓰인다. 반면 convention은 일정한 사회적 합의나 실용성에 따라 형성된 규범이기에, 때로는 그것을 깨뜨리거나 변화시키려는 문맥에서 사용되기도 한다. 예를 들어 tradition은 preserve(보존하다), uphold(지지하다, 유지하다) 같은 동사와 함께 쓰여 가치를 지키는 태도를 강조한다. 반면 convention은 break(깨뜨리다), challenge(도전하다), change(변화시키다)와 같은 동사와 잘 어울려 기존 규범을 벗어나려는 움직임을 표현할 때 자주 사용된다. 특히 형용사형 unconventional은 '관행에 얽매이지 않는', '틀에 박히지 않은'이라는 뜻으로 쓰이며, convention이 단지 문화적 관습을 넘어 현대 사회의 통념이나 고정된 규칙까지 가리킴을 보여 준다.

좀 더 깊이 들여다보면 tradition은 정체성과 밀접하게 연관되어 있다. 따라서 tradition을 지킨다는 것은 단순히 '방식을 유지한다'는 차원을 넘어, '내가 누구인가'를 지키는 일과도 맞닿아 있다. 반면 convention은 '우리가 효율적으로 함께 살아가려고 만든 합의'에 가깝고, 그렇기에 시대와 상황이 바뀌면 함께 바뀔 수 있다.

- They broke with tradition by hosting a virtual wedding. 그들은 온라인 결혼식을 열어 전통에서 벗어났다.
- The writer intentionally broke with literary convention by using no punctuation. 그 작가는 일부러 문장 부호를 전혀 쓰지 않음으로써 문학적 관행을 깼다.

우리는 전통을 통해 '누구인가'를 확인하고, 관습을 통해 '어떻게 함께 살아갈 것인가'를 고민한다. 둘의 차이를 이해한다는 것은 곧 우리가 어떤 삶의 방식을 선택할 것인지 결정하는 일과 같다.

◦ 정신

mind · soul · spirit

mind 이성, 사고, 인식

soul 영혼, 본질

spirit 정신, 기운, 정령

"Out of sight, out of mind"를 번역해 보시라. 아마 십중팔구 "눈에서 멀어지면 마음에서도 멀어진다"로 (별생각 없이) 번역할 것이다. 한국인은 mind의 의미를 '마음'이라고 알고 있는 경우가 많다. 하지만 mind를 '마음'이라고 알고 있다면 무언가 아귀가 맞지 않는 때가 있다.

영어 원어민에게 "mind가 우리 신체 중 어디에 있는지 한번 손가락으로 가리켜 봐!"라고 물어봤다고 하자. 그렇다면 이들은 단 한 명도 빼놓지 않고 머리를 가리킨다. 그러나 우리는 '마음'이라고 하면 심장 근처 가슴을 가리킬 것이다. 영어에서 mind는 느끼고, 생각하고, 인지하고, 의지를 발휘하고, 추론하는 인간의 정신 기능을 가리킨다. 그래서 영어 원어민은 뇌가 있는 머리에 mind가 위치해

있다고 생각하며, out of one's mind처럼 '제정신이 아닌'
이라는 의미로도 쓰이고 come to mind처럼 '생각이 떠오
르다'라는 표현으로 쓰이는 것은 mind가 '의식'과 관련되
어 있기 때문이다.

- Robin must be out of his mind to quit that job. 그 일자
  리를 그만두다니 로빈은 제정신이 아닌 게 틀림없어.
- His name didn't come to my mind at that moment. 그
  순간에는 그 사람 이름이 떠오르지 않았다.

mind는 인지 혹은 정신, 그중에서도 추론과 판단을
하는 인간 정신의 한 측면을 가리키는 말이기도 하다. 그래
서 물질과 대비되는 인간의 정신이라는 의미인 mind over
matter(물질보다 정신)와 같은 표현으로도 쓰인다.

이에 비하면 한국인들에게 '마음'은 물질이 아닌 정신
적인 가치이기는 하지만 정신을 넘어 감정과 영성까지 아
우르는 굉장히 넓은 개념인 것처럼 느껴진다. "마음이 병
들었다"라고 할 때는 '정신'이라는 의미에 더 가까운 것 같
고, "마음이 아프다"라고 할 때는 '감정'을 표현하는 의미
같다. "너는 내 마음에 있어"라고 말할 때의 '마음'은 심장

을 가리키는 의미일 터다. 이렇기 때문에 영어 단어 mind를 '마음'으로만 이해하면 틀리게 사용할 수 있으니 주의해야 한다.

영어 원어민은 오히려 mind와 spirit과 soul을 구별하는 데 공을 들인다. 세 단어 모두 눈에 보이지 않는 추상적인 가치이자 기능이지만, 사용되는 맥락은 다르다. 이중 soul은 종교, 철학 그리고 심리 등에서 사용되는 용어로, 보통 한 존재의 영원한 비물질적인 고갱이(핵심)를 가리킨다. 몇몇 종교에서는 souls가 인간이 죽은 후에도 계속 살아가는 영적인 존재의 일부라고 생각하기도 한다. (문학적인 표현에서 soul은 그냥 사람을 가리키는 단어로도 쓰인다.)

spirit에는 여러 가지 뜻이 있는데, soul과 마찬가지로 한 존재의 비물질적이면서도 종종 신성한 부분을 가리킨다. 예를 들어 기독교의 성령은 Holy Spirit이라고 표현한다. 살아 있는 존재의 생기 및 활력을 지칭하기도 하고, 사람에게 쓰일 경우 그 사람의 성향을 나타낸다. 'in high spirits / in low spirits'와 같이 쓰면서 사람의 기운이 고양되거나 풀이 죽은 상태를 가리키기도 한다.

- Sarah was in high spirits after hearing the good news. 사라는 좋은 소식을 듣고 기분이 아주 좋았다.
- After the team lost the game, all the players were all in low spirits. 팀이 게임에서 패배한 후 모든 선수들은 풀이 죽어 있었다.

spirit은 사물이나 동물에 깃드는 '정령'이라는 의미나, '유령'의 의미로도 쓰인다.

- Laura claimed to see the spirit of her grandmother. 로라는 할머니의 유령을 보았다고 주장했다.
- The forest is believed to be protected by ancient spirits. 그 숲은 고대의 정령들이 지킨다고 사람들은 믿고 있다.

찰스 디킨스의 『크리스마스 캐롤』에 등장하는 세 명의 유령도 three spirits라고 부르고, 『센과 치히로의 행방불명』에도 온갖 종류의 정령들spirits이 등장한다.

재미있게도 술 역시 spirit이라고 부를 때가 있는데, 이는 과거에 고대 화학자들이 술을 증류하는 과정에서 나

오는 알콜 증기를 영적인 기운spirit이라 생각했기 때문이
다. 특히 증류는 어떤 물질에서 정수essence를 뽑아내는 과
정이라고 여겨졌기 때문에, spirit은 주로 독한 술을 가리
키는 표현으로 쓰이게 되었다.

This bar serves a wide variety of spirits, including
whiskey and gin. 이 바에서는 위스키와 진을 포함해 다
양한 종류의 독주를 판다.

영어 원어민들은 body, mind, spirit의 차이를 달걀
에 비유해서 설명하기도 한다. 달걀 껍질은 신체body로, 우
리가 만지고 맛보고 냄새 맡고 보고 듣고 할 수 있는 영역
에 속해 있고, 노른자는 mind와 같아서 우리의 정신, 생각
및 감정에 해당하며, 노른자를 둘러싼 막(흰자와 노른자
가 섞이지 않게 유지해 주는 부분)은 spirit으로 우리의 성
격과 개성이 여기에 담겨 있다고 한다. 달걀 껍질과 노른자
와 노른자를 두르고 있는 막이 함께 하나의 달걀을 이루듯
이, 사람 역시 body와 soul 그리고 spirit으로 이루어지는
존재라고 볼 수 있다.

◦ 정직한

honest · candid

honest 정직한
candid 솔직한

에이브라함 링컨 대통령의 별명은 Honest Abe였다. 그가 젊은 시절 상점에서 일할 때, 거스름돈을 잘못 주었다는 사실을 뒤늦게 깨닫고는 몇 킬로미터를 걸어 손님을 다시 찾아가 돈을 돌려줬다는 일화는 유명하다. 또한 법률가로 일하면서도 자신이 맡을 수 없는 사건이라면 기꺼이 거절할 정도로, 양심적이고 도덕적인 태도를 지켰다.

이러한 이야기들은 링컨이 단지 거짓말을 하지 않는 정직한 사람honest person일 뿐 아니라, 도덕적 책임감과 원칙을 지키는 사람이었다는 점을 보여 준다. 여기서 honest는 단순히 말이나 태도의 진실성만이 아니라, 올바르고 신뢰할 수 있는 인물이라는 의미까지 담고 있다. 그래서 사람들은 링컨을 존경을 담아 Honest Abe, 즉 '정직한 링컨'이라 불렀던 것이다.

honest는 중세 프랑스어 honeste에서 왔고, 그 어원은 라틴어 honestus다. 이는 영어 단어 honor와도 어근을 공유한다. 즉 honest라는 말은 원래 '정직한'보다는 '명예롭고 품위 있는'이라는 뜻이었다. 이는 과거 귀족 계급이 지녀야 할 도덕적 자질을 가리키는 말이었다. 하지만 르네상스를 지나 개인과 시민의 도덕성이 중요해지면서, 이 단어는 점차 정직하고 책임감 있는 개인을 의미하게 되었고, 오늘날 우리가 아는 '정직한'이라는 뜻이 자리 잡았다.

He's an honest businessman who never cuts corners.
그는 절대 편법을 쓰지 않는 정직한 사업가다.

한편 candid는 라틴어 toga candida(하얀 토가)에서 유래했다. 고대 로마에서 공직에 출마한 이들이 눈에 띄기 위해 새하얀 토가를 입은 관습에서 비롯된 말이다. candid는 진실을 숨기지 않고 있는 그대로 드러낸다는 점에서 honest와 유사하지만, 그 솔직함이 때로는 불편함이나 비판을 동반할 수 있다는 특징이 있다.

- She gave a candid assessment of the team's perfor-

mance. 그녀는 팀의 성과에 대해 가감 없는 평가를 내렸다.
- He was surprisingly candid about his failures. 그는 자신의 실패에 대해 놀랄 만큼 솔직하게 말했다.

candid interview란 표현도 자주 쓰인다. 이는 의도했든 아니든 꾸밈없이 드러나는 진솔한 인터뷰를 뜻한다. 사진에 대해 말할 때는 candid photo라는 표현을 쓰며, 이는 자연스럽고 연출되지 않은 순간을 포착한 사진을 말한다. 보정 여부를 강조하려면 raw photo(카메라에 담긴 그대로의 사진), unedited photo(보정하지 않은 사진)라고 말하고, 반대로 보정한 사진은 edited photo, retouched photo 혹은 filtered photo(필터를 씌운 사진)라고 한다.

- This photo is heavily edited. 이 사진은 많이 보정됐어.
- She posted a heavily retouched selfie on Instagram. 그녀는 보정이 많이 들어간 셀카를 인스타에 올렸다.

frank도 '정직한'이란 의미로 쓰이지만, honest처럼 도덕적인 미덕으로 여겨지는 경우는 드물다. frank는 말 그대로 직설적이고 거침없는 말투를 뜻하며, 다소 무뚝뚝

하거나 공격적으로 들릴 수도 있다.

To be frank, I didn't enjoy the movie. 솔직히 말해서,
그 영화 재미없었어.

현대 영어, 특히 구어체에서는 frank보다는 real,
straightforward, open 같은 표현이 더 자주 쓰인다. hon-
est, candid, frank 중에서 honest가 가장 의미의 폭이 넓
고 사용 빈도도 높다. 대부분의 candid는 honest로 바꿔도
크게 어색하지 않지만, 그 반대는 문맥에 따라 부자연스러
울 수 있다. 예를 들어 다음과 같은 표현들이 있다.

- honest opinion 정직한 의견
- honest mistake 고의 없는 실수
- honest feedback 진심 어린 피드백
- honest person 정직한 사람
- candid photo 자연스러운 사진
- candid conversation 가감 없는 대화
- candid remark 솔직한 논평
- candid assessment 직설적인 평가

여기서 honest mistake는 candid로 바꿔 쓸 수 없고,
반대로 candid photo는 honest photo라 하면 어색하다.
이처럼 맥락에 따라 알맞은 단어 선택이 중요하다.

흥미로운 점은, 너무 솔직해서 오히려 상처를 줄 수
있는 말이나 태도를 표현할 때는 brutally honest, brutally
candid처럼 brutally(잔인하게, 가차 없이)라는 부사를 함
께 쓴다는 것이다. brutally는 '잔인할 정도로 솔직한'이라
고 직역할 수 있는데, 한국어 표현 '팩폭'과 가장 가까운 뉘
앙스를 지닌다.

- He's brutally honest — he'll tell you if your outfit looks
  terrible. 그는 정말 가감 없이 말하는 성격이라, 네 옷차
  림이 별로면 그렇게 말할 거야.
- Sometimes a brutally candid opinion is what you need
  to grow. 때로는 아프게 솔직한 조언이 성장을 위해 꼭 필
  요할 때가 있다.

이외에도 '팩트 폭력'이라는 의미를 전달할 때는
harsh truth(거친 진실), painful truth(괴로운 진실)라
고 표현할 수 있다. 조금 더 비유적으로는 a hard pill to

swallow(삼키기 힘든 알약)이라고도 하는데, 그만큼 받아들이기 어려운 진실이라는 의미에서다. hit someone with the truth(진실로 상대를 후려치다) 같은 표현도 사용할 수 있다.

purge · purify

purge 숙청하다
purify 정화하다

purge는 영화 『퍼지』 덕분에 많은 사람들에게 익숙해진 단어다. 이 영화의 설정은 충격적이다. 1년에 단 하루, 어떤 범죄를 저질러도 처벌받지 않는 '퍼지 데이'가 존재한다. 사람들은 이 날을 이용해 원한이 있는 사람을 해치기도 하고, 단순한 쾌락을 위해 살인을 저지르기도 한다. 거리에는 폭력이 난무하고, 도시는 혼란에 빠진다. 그러나 그 하루가 지나면 다시 일상으로 돌아가야 한다. 영화 제목인 purge는 이처럼 '강제로 제거하다, 숙청하다'는 뜻을 극단적으로 보여 준다.

한편 purify는 일상에서도 자주 접할 수 있는 단어다. 예를 들어 사무실마다 하나쯤은 있는 정수기에서 water purifier라는 문구를 본 적이 있을 것이다. 이 경우 purify는 오염물질을 걸러 물을 더 깨끗하게 만든다는 의미다. 이처럼 purify는 어떤 것을 정화하고 순수하게 만든다는 뜻을 지니며, 물리적인 정화뿐만 아니라 정신적·도덕적 정화의 의미로도 널리 쓰인다.

purge와 purify는 모두 불순물을 제거해 '깨끗하게 만든다'는 공통된 의미를 갖지만, 그 방식과 뉘앙스에는 분명한 차이가 있다. purge는 강제적이고 철저하게 제거하는 데 초점을 맞추며, purify는 깨끗하고 순수한 상태로 회복시키는 데 중점을 둔다. 특히 purge는 정치적 숙청, 감정 정리, 불필요한 데이터나 물건의 제거 등 다양한 상황에서 쓰인다.

- The government decided to purge corrupt officials from the administration. 정부는 행정부에서 부패한 관료들을 제거하기로 결정했다.

- She purged her closet of old clothes she no longer wore. 그녀는 더 이상 입지 않는 오래된 옷을 옷장에서 정리했다.

- Writing in a journal helps me purge my emotions. 일기를 쓰는 것은 감정을 정리하는 데 도움이 된다.

- You need to purge the system of unnecessary files. 시

스템에서 불필요한 파일을 삭제해야 한다.

특히 서양 문화에서는 감정을 해소할 때 purge라는 표현을 자주 사용한다. purge emotions는 마음속에 쌓인 감정을 강하게 털어 내거나 해소한다는 의미다. 그러나 한국어에서는 이러한 표현이 다소 낯설고 어색하게 들릴 수 있어서 보통 '마음을 정리하다', '속을 비우다' 등으로 번역하면 된다.

purge에서 파생된 개념인 purgatory(연옥)도 흥미롭다. 가톨릭 교리에서 purgatory는 천국에 갈 정도로 순결하지는 않지만, 지옥에 떨어질 정도로 큰 죄를 짓지도 않은 영혼들이 일정 기간 머물며 죄를 정화하는 공간이다. 이곳에서의 고통과 수행을 통해 영혼은 점차 정화되어 마침내 천국에 이를 수 있다고 여겨진다. 이처럼 purgatory의 개념은 purge가 단지 파괴적인 의미만을 지니는 것이 아니라, 정화와 회복이라는 목적을 동반한다는 점을 잘 보여준다.

앞서 살펴본 대로 purify는 오염 물질이나 불순물을 제거해 물리적·정신적·도덕적으로 '깨끗한 상태'로 만든다는 의미에 충실하다.

- The water filter is designed to purify drinking water. 그 필터는 식용수를 정화하도록 설계되었다.
- He went on a retreat to purify his mind and soul. 그는 마음과 영혼을 정화하기 위해 피정을 떠났다.

purify는 종교적·영적 맥락에서도 자주 등장하며, 내면의 죄나 번뇌, 부정적인 감정을 씻어 내는 과정을 의미한다.

삶에는 때때로 과감히 털어 내야 할 것들이 있다. 물건이든, 감정이든, 관계든. 마음속에 쌓인 불필요한 것들을 용기 있게 purge하고 매일의 기도나 명상을 통해 내면을 purify하는 삶을 살아갈 수 있다면, 비로소 조금 더 가볍고 단단한 자신으로 설 수 있을 것이다.

accurate · precise

accurate 정확한

precise 정밀한

정확성accuracy과 정밀성precision의 차이는 과학, 공학, 통계 같은 전문 분야뿐만 아니라 일상생활에서도 중요한 개념이다. 두 단어는 종종 혼용되지만, 실제로는 강조하는 바가 전혀 다르다. 어떤 대상이 기준에 얼마나 가까운지와 얼마나 일관되게 반복되는지를 구분하는 일은 정보의 신뢰도와 판단의 질을 높이는 데 큰 역할을 한다.

이 두 단어의 차이는 다트 던지기에 비유하면 이해가 쉽다. 다트판 중앙의 흑점bullseye을 목표로 다트를 던진다고 해보자. 정확한accurate 상태란, 매번 흑점을 맞히지 않더라도 그 주변에 다트가 모여 있다면 해당된다. 즉 기준점이나 참값에 얼마나 가까운지가 중요하다. 반면 정밀한precise 상태는 흑점과의 거리와는 무관하게, 다트들이 서로 얼마나 가깝게 모여 있는지를 본다.

예를 들어 다트가 매번 왼쪽 아래 구석에 몰려 있다면 이는 '정밀하지만 정확하지 않은' 상태다. 반대로 흑점 주변에 퍼져 있다면 '정확하지만 정밀하지 않은' 상태다. 만약 다트가 흑점에 반복해서 정확히 꽂힌다면, 비로소 accurate하고 precise한 상태라고 할 수 있다.

- Her guess was surprisingly accurate — she estimated the total cost within a few dollars. 그녀의 추측은 놀라울 정도로 정확했다. 전체 비용을 몇 달러 차이로 맞혔다.
- He described the route in precise detail, including every turn and landmark. 그는 모든 방향 전환과 지형지물을 포함해 경로를 아주 세밀하게 설명했다.

두 단어는 동일한 명사와 결합하더라도 의미가 달라진다. an accurate measurement는 측정값이 참값에 얼마나 가까운지를 말한다. a precise measurement는 반복 측정 시 결과가 얼마나 일관되게 나오는지를 뜻한다. 이 차이는 실생활에서도 자주 나타난다. 예를 들어 체중계에 올라섰을 때 67.5킬로그램, 67.3킬로그램, 67.6킬로그램처럼 다소 들쭉날쭉한 수치를 보인다면, 실제 체중 근처를 대략적으로 가리키므로 accurate하긴 하지만 precise하다고 보긴 어렵다. 반대로 매번 정확히 70.0킬로그램을 찍지만 실제 체중이 67킬로그램이라면, precise하긴 해도 accurate하진 않다.

This scale is very precise — it gives the same result every time. But it's not accurate, because it's 3 kilograms off. 이 체중계는 매우 정밀하다. 매번 같은 수치를 보여주기 때문이다. 하지만 정확하진 않다. 실제보다 3킬로그램 차이가 나니까.

또 다른 예로, 친구와의 약속 시간에 대해 생각해 보자. 당신이 정해진 시간에 맞춰 도착했다면 accurate하다고 할 수 있다. 그런데 매번 5분 일찍 도착한다면, 시간은 기준과 다르지만 도착 시간 자체는 일정하므로 precise하다고 말할 수 있다.

He's always 5 minutes early. That's precise — but not accurate, since the meeting starts on the hour. 그는 항상 5분 일찍 도착한다. 일관되긴 하지만, 회의는 정각에

시작하니 정확하진 않다.

요약하자면 accurate는 '기준이나 정답에 얼마나 가까운가'에 초점을 둔다. precise는 '반복 시 결과가 얼마나 일관되고 좁은 범위에 모이나'에 초점을 둔다.

이와 비슷한 의미의 단어로 exact도 있다. accurate와 precise가 각각 '얼마나 맞는가', '얼마나 일관되는가'를 강조한다면, exact는 이보다 강한 의미로, 한 치의 오차 없이 완벽하게 일치하는 상태를 뜻한다. 예를 들어 어떤 레시피가 exact measurements를 요구한다면 소금 한 티스푼, 밀가루 100그램, 물 200밀리리터처럼 모든 재료를 정확히 그 수치대로 맞춰야 한다는 의미다.

The exact location of the hidden cave is still unknown.
그 숨겨진 동굴의 정확한 위치는 아직 알려지지 않았다.

exact는 주로 정답, 위치, 일치, 재현 등의 맥락에서 사용되며, 말 그대로 '정확함의 정점'을 의미한다. 세 단어를 다시 정리하자면 이렇다.

- Accurate: 실제 또는 기준에 얼마나 가까운가?(대체로 맞는가)

- Precise: 반복할 때 얼마나 일관되게 나타나는가?(일관되게 좁은 범위에 모이나)

- Exact: 기준과 완벽하게 일치하는가?(한 치의 오차도 없이 맞는가)

예를 들어 누군가 시험 문제를 맞혔다면 accurate, 비슷한 유형을 반복해서 비슷하게 풀었다면 precise, 정답을 한 글자도 틀리지 않고 그대로 썼다면 exact라고 할 수 있다.

이제 '정확한'이라는 표현을 쓸 때, 그 정확함이 무엇을 의미하는지 한 번쯤 생각해 보게 될 것이다. 영어는 이런 미묘한 뉘앙스를 통해 사고의 정밀도까지 드러내는 언어다.

silent · quiet

---

silent　조용한, 침묵하는, 무언의
quiet　조용한, 고요한, 얌전한

silent와 quiet는 모두 '조용한'이라고 번역된다. silent라는 단어는 크리스마스 캐롤「Silent night」으로 익숙하고, quiet는 "Be quiet!"라는 명령문으로 들어 본 적이 있을 것이다. 이 두 단어는 뜻이 비슷하게 느껴지지만, 그 뉘앙스가 다르기에 정확히 알아두면 좋다.

　쉽게 설명하자면 silent는 소리가 완전히 없는 상태를 뜻하고, quiet는 소리가 거의 없거나 아주 적은 상태를 의미한다. 그래서 silent film은 '소리 없는 무성 영화'를 말하고, silent reading은 '소리 내지 않고 조용히 읽기', 즉 '묵독'을 뜻한다. silent prayer는 '입을 열지 않고 마음속으로 드리는 기도'를 의미한다.

The ancient forest was eerily silent, with not even the

sound of wind through the trees. 그 오래된 숲은 기묘하게 조용했다. 나무 사이를 스쳐 부는 바람 소리조차도 들리지 않았다.

반면 quiet는 주변 소음이 아예 없는 것은 아니지만, 그 소리가 낮고 부드러워 방해되지 않는 상태를 말한다. 도서관에서 "Be quiet!"이라고 말한다고 해서 죽은 듯이 정적이길 바라는 것은 아니다. 단지 다른 사람에게 방해가 되지 않도록 조심하라는 의미다.

She spoke in a quiet voice to avoid waking the baby sleeping in the next room. 그녀는 옆방에서 자고 있는 아이를 깨우지 않으려고 조용한 목소리로 말했다.

두 단어 모두 명령문으로 사용될 수 있다. 일상적으로는 "Be quiet"이 가장 흔하지만, 실험실, 방송 녹음, 또는 법정 등 완전한 침묵이 필요한 상황에서는 "Be silent" 또는 "Silence!"와 같은 표현이 사용되기도 한다. 특히 "Silence!"는 다소 권위적이고 단호한 어조이므로, 상황에 따라 신중하게 사용해야 한다. silence는 보통 명사로 인식되지만, '(강제로) 조용히 시키다', '억누르다'라는 뜻의 동사로도 쓰일 수 있다. 예를 들어 영화 『듄 2』에서 주인공 폴 아트레이데스가 페이드 라우타 하코넨과 결투를 벌이는 장면에서, 베네 게세리트의 모히암 대모가 말을 하자 폴은 '보이스'Voice라는 기술을 사용하려고 단호하게 "Silence!"라고 말한다. 이 말에 대모조차 즉각적으로 복종한다. 이처럼 이 표현은 단순한 "조용히 해!" 이상의 무게를 지니며, 명령에 가까운 강한 어조로 침묵을 요구할 때 사용된다.

- The teacher silenced the noisy class with a look. 선생님은 한 번 째려보는 것으로 시끄러운 교실을 조용히 만들었다.
- The government tried to silence dissenting voices. 정부는 반대 의견을 억누르려 했다.

silence와 quiet의 차이를 감각적으로 이해하려면 다음 예시를 떠올려 보자.

Everything was silent. 사방에 정적뿐이었다

이는 기괴하게도 소리가 전혀 없는 숲을 묘사한다. 마치 귀신이 튀어나오거나 신비로운 일이 벌어질 것 같은 긴장감 있는 분위기다.

Everything was quiet. 사방이 고요했다.

이는 고요하고 평화로운 숲을 묘사한다. 새소리나 바람 소리가 살짝 들릴 수 있는, 평온이 느껴지는 공간이다.

개신교 신자라면 QT라는 말을 들어봤을 것이다. 이는 'Quiet Time'의 약자로, 조용하고 잠잠하게 마음을 비우고 세상의 소음과 번잡함을 떨쳐낸 채 신 앞에 나아가 말씀을 묵상하고 기도하는 시간을 의미한다.

반면 불교와 천주교에는 말 한마디 하지 않는 수행법이 있다. 불교의 '묵언 수행'과 천주교의 '묵언 서원'은 각각 noble silence, vow of silence라고 부르며, 말없이 수행하는 행위를 뜻한다.

덧붙여 quiet는 peace and quiet(평화와 고요)와 같이 형용사뿐 아니라 명사로도 사용되며, quiet down(조용해지다, 조용하게 만들다)처럼 동사로도 쓰인다.

respect · admire

---

respect 존중하다, 존경하다
admire 존경하다, 감탄하다, 좋아하다

respect는 '존중하다'라는 뜻으로, 다른 사람의 생각, 감정, 선택 등을 받아들이고 인정하는 의미로 쓰인다. 즉 말하는 사람의 생각이나 감정, 선택이 상대와 다를 수 있어도 그것을 인정하고 존중하는 태도를 드러낼 때 사용하는 표현이다.

- I respect your opinion, even though I don't agree with it. 동의하지는 않지만, 당신 의견을 존중합니다.
- Please respect other people's privacy. 다른 사람의 사생활을 존중해 주세요.

'존경하다'라는 의미로 쓰일 때에는 누군가의 실력, 인격, 업적 등에 감탄하며 높이 평가한다는 의미가 된다.

예를 들어 선생님이나 부모님, 뛰어난 인물 등을 존경한다
고 말할 때 자주 사용된다. 이 경우 respect의 의미는 ad-
mire와 겹친다.

- I really respect my grandmother. She raised five kids
  on her own. 난 우리 할머니를 정말 존경해. 혼자 힘으로
  다섯 아이를 키우셨거든.
- He's been respected all over the world as a scientist.
  그는 전 세계에서 과학자로 존경받고 있어.

또한 respect는 규칙이나 법을 준수하고 따른다는 의
미로도 쓰인다.

Please respect the rules of the library. 도서관 규칙을
존중해 주세요.

이에 반해 admire는 감정이 더 많이 담긴 '존경하다'
라는 의미로, 누군가의 능력이나 성품에 감탄하며 높이 평
가하는 표현이다. 넬슨 만델라와 같은 위인을 보며 그가 겪
은 고난과 이후에 보여 준 놀라운 행보에 대해 admire한다

고 말할 수 있다.

Many people admire Nelson Mandela for his leader-
ship and forgiveness. 많은 이들이 넬슨 만델라의 리더
십과 포용력에 감탄하고 존경해.

또한 인간적으로 놀라운 일을 해낸 사람에게 감탄하
며 존경의 뜻을 표현할 때도 쓸 수 있다.

I really admire the survivor who endured 72 hours
alone in the cold and dark cave. 나는 그 춥고 깜깜한
동굴 속에서 혼자 72시간을 견딘 그 생존자를 정말로 존
경해.

admire는 감정이 개입되다 보니, 때로는 '사모하다'
라는 의미로도 쓰인다. 더 나아가 admire는 '감상하다'는
뜻으로도 쓰인다. 이 경우는 '보며 감탄하다' 정도의 의미
로, 시각적으로 어떤 대상을 바라보며 감탄하는 상황에 해
당한다. '보다'의 의미가 강하게 작용하는 용법이다. 토익
파트1의 사진 묘사 문제에서 종종 이 의미로 등장한다.

A group of people is admiring the artwork. 한 무리의 사람들이 예술작품을 감상하고 있다.

이 표현은 사람에게도 쓰일 수 있다. 누군가를 너무 아름다워서 황홀하게 바라볼 때도 admire라고 한다. 이때의 admire는 종종 한국어로 오역되는 경우가 있다. 예컨대, 남자가 여자에게 매혹되어 정신을 못 차리는 상황에서 admire라는 표현이 나오면 이는 남자가 여자를 감탄하며 바라본다는 의미인데, 종종 '여자를 존경한다'라고 번역되어 오해를 낳기도 한다. 또한 '존경하다'는 의미로 admire를 쓸 때는 He admires the woman과 같이 현재 시제로 쓰지만, '보다'의 의미로 사용할 때는 He's admiring the woman처럼 주로 현재진행형으로 쓴다. '보다'라는 동작을 나타내기 때문이다.

정리하자면 respect는 보다 이성적인 표현에 가깝고, 누군가의 생각, 의견, 규칙 등을 '인정한다'는 의미로 주로 사용된다. 반면 admire는 감정이 많이 개입되어 감탄과 찬탄의 느낌이 더해진 존경이라는 점에서 차이가 있다.

비슷한 표현으로 homage가 있다. 이 단어는 공식적인 방식으로 존경을 표할 때 쓰이며, 프랑스어에서 유래한 단어로 영어에서도 '오마쥐'처럼 발음된다. 한극에서는 주로 영화 등 예술 분야에서 특정 장면이나 스타일을 따라 하며 경의를 표하는 의미로 '오마주'라는 표현이 쓰이지만, 영어권에서는 예술에 한정되지 않고 역사·정치·문화 등 폭넓은 맥락에서 격식을 갖춘 경의 표현으로 사용된다.

- This film is a heartfelt homage to old-school jazz. 이 영화는 올드 재즈에 대한 진심 어린 경의의 표현이야.
- The statue was built as a homage to the war heroes. 그 동상은 전쟁 영웅들에게 바치는 경의의 표현으로 세워졌어.

local · regional

---

local 지역의

regional 지방의

한때 잠시 헤드헌터로 일한 적이 있다. 그때 여러 다국적 기업의 한국 지사 혹은 싱가포르나 홍콩에 위치한 아시아·태평양 본부에서 근무할 인재를 채용하는 업무를 맡았다. 내가 속해 있던 서치펌search firm에서도 지사장 채용을 진행했는데, 지사장은 country manager, 한국 지사는 Korea local office라고 불렸다.

또한 한국 지사의 HR이나 마케팅 매니저를 채용할 때도 있었는데, 이 경우 한국 HR 매니저의 업무 보고 라인은 한국 지사장이 아니라 홍콩이나 싱가포르에 있는 아시아·태평양 본부의 regional HR director(지역본부 인사 담당 이사)였다. 한국 지사장은 보고 과정에서 이메일에 참조만 할 뿐이었다. 이처럼 local과 regional이 사용되는 방식만 봐도 두 단어의 의미 차이가 확연히 드러난다.

많은 한국인이 local을 '서울 외의 지방'이라는 의미
로 받아들이곤 한다. 이는 아마 각 지역의 특산물이나 음식
을 '로컬 푸드'라고 부르는 관습에서 비롯된 것으로 보인
다. 그러나 영어에서 local은 '현지의, 자국 내의'라는 의미
에 더 가깝다. 예를 들어 한국에 있는 다국적 기업의 지사
는 Korea local office이며, 이는 '한국 현지 사무소'를 뜻
하지, '지방 사무소'라는 의미는 아니다. 따라서 서울에 있
어도 local office가 될 수 있다. 마찬가지로, 디국 언론사
가 영국에 파견한 특파원은 '영국 현지 특파원', 즉 local
correspondent라고 불린다.

The company opened a local office in Seoul to better
serve Korean customers. 그 회사는 한국 고객들을 더 잘
응대하려고 서울에 현지 사무소를 열었다.

또한 2020년 아카데미 시상식에서 봉준호 감독은 아
카데미 시상식에 대해 이렇게 말해 local이라는 단어의
뜻을 십분 활용했다. "The Oscars are not international
competition. They are a local competition." 봉 감독은
아카데미 시상식이 국제적인 행사가 아니라 디국 현지의

행사라고 말하며, 미국 행사가 곧 국제 행사라고 생각하는 미국중심주의를 꼬집었다고 볼 수 있다.

regional은 local보다 더 넓은 지역 단위를 의미하며, 일반적으로 둘 이상의 국가를 포함하는 범위다. 한국, 일본, 호주 등을 하나의 권역으로 묶은 APAC_{Asia-Pacific}은 하나의 region이며, 이 권역을 총괄하는 본부는 regional headquarters라고 한다. regional office는 보통 여러 국가를 관할하는 중간 거점 사무소이며, 그 아래에 여러 local office가 있는 구조다.

Marketing strategy for Korea is overseen by the regional headquarters in Singapore. 한국의 마케팅 전략은 싱가포르에 있는 지역 본부에서 관리한다.

예를 들어 애플의 조직 구조는 다음과 같다.

- Apple Korea 애플 한국 지사_{local office}
- Apple Asia-Pacific HQ 애플 아시아·태평양 본부_{regional headquarters}(싱가포르 소재)
- Apple Inc. 애플 미국 본사_{main headquarters}(쿠퍼티노 소재)

이러한 구조는 단순한 지리적 구분을 넘어, 의사 결정과 보고 체계에서도 중요한 차이를 만든다. local office는 해당 국가에서의 영업, 마케팅 등 실무를 담당하고, regional HQ는 전체 지역 전략을 수립하며 local office의 주요 의사 결정에 영향력을 행사한다.

local과 regional의 구분은 비즈니스 용어에만 국한되지 않는다. 행정 체계에서도 이 둘은 뚜렷하게 구분된다. 국가 전체는 central government(중앙정부)가 운영하며, 그 하위 권역 단위는 regional government, 더 아래의 시·군·구 단위는 local government라 부른다. 예컨대 미국에서는 주 정부가 regional government, 시나 카운티는 local government에 해당한다.

한국도 유사한 구조를 갖고 있다. 대한민국 중앙정부는 central government, 17개 광역자치단체(서울, 부산, 경기도 등)는 regional government, 시·군·구 단위의 기초자치단체는 local government로 분류할 수 있다.

- The local government has launched a new recycling initiative in the city. 해당 도시의 지방 정부는 새로운 재활용 정책을 시작했다.

– The regional government is working with local authorities to manage the flood damage. 광역 정부는 홍수 피해를 관리하기 위해 지방 당국과 협력하고 있다.

결국 local은 국가, 본사, 중앙정부와 같은 특정 기준점을 중심으로 그 내부를 구성하는 단위, 즉 '현지'를 의미하고, regional은 그보다 더 넓은 권역이나 여러 단위를 아우르는 상위 개념이다. 서울을 기준으로 부산이 local이라는 뜻이 아니라, 다국적 기업의 한국 지사가 서울에 있더라도 그것은 local office이며, 그보다 더 큰 단위인 아시아 전체를 총괄하는 조직이 regional이다. 비즈니스 맥락이든 행정 체계든, local은 기준 내부의 단위이고 regional은 그보다 상위의 묶음이나 권역이라는 점을 명확히 이해하고 사용하도록 하자.

○ 진보적인

liberal · radical

liberal 점진적 변화를 추구하여 진보적인, 자우주의적인
radical 기존의 제도를 바꿀 만큼 급진적인, 과격한

liberal하다고 하면 우리는 보통 진보적이고 자유롭다는 이미지를 떠올린다. 우리말에서도 '리버럴하다'는 표현이 종종 사용되는데, 실제로 '리버럴하다'는 표준국어대사전에 등재되어 있으며, "자유주의적인 태도가 있다"라는 뜻으로 정의되어 있다. liberal과 같은 어원에서 파생된 libertine(난봉꾼)을 떠올리면, liberal이라는 단어에 어쩌다 '제멋대로이거나 방탕한'이라는 의미가 내포되어 있는지 궁금해진다. 이제 이 단어의 어원을 더 깊이 들여다보자.

liberal은 원래 '방탕한, 제약이 없는'이라는 의미의 옛 프랑스어 libéral에서 비롯되었다. 그보다 앞선 기원은 라틴어 liberalis이지만, 프랑스의 영주 노르망디공이 영국을 정복해 왕이 된 이후 프랑스어가 지배 계층의 언어가 되면서 옛 프랑스어 libéral이 영어로 유입되었다. 14세기

와 15세기 무렵의 영어에서 liberal은 관대한generous, 귀족적인noble, 이타적인selfless, 존경받을 만한admirable의 의미로 쓰였다. 그러다 17세기경부터는 '제약 없이 자유로운 태도'라는 부정적 뉘앙스로도 쓰였고, 19세기 들어서 '자유와 민주주의를 중시하는 정치적 성향'을 의미하게 되었다.

2005년 조니 뎁이 주연으로 분한 영화 『리버틴』이 개봉했다. libertine은 '난봉꾼', 즉 방탕한 생활을 하는 사람을 의미하며, 영화는 17세기 영국에서 예술과 연극계를 후원하며 자유분방한 삶을 살았던 로체스터 백작의 삶을 그리고 있다. 여기서 libertine은 옛 프랑스어에서 유래한 단어가 영어 안에서 발전한 표현으로 볼 수 있다. liberty는 '마음대로 할 수 있는 자유'를 뜻하며, at liberty to do something과 같은 표현으로 쓰인다. 이 용례를 보면 liberty에는 단순한 자유를 넘어 '제약 없는 상태'라는 의미도 여전히 포함되어 있음을 알 수 있다. "I'm not at liberty to reveal any names"(제겐 이름은 밝힐 재량이 없습니다)라는 문장에서처럼, 개인적인 재량 밖에 있는 제약된 자유를 나타낼 때 사용된다.

liberal arts가 '인문학'이라는 개념으로 쓰이게 된

배경은 고대 라틴어의 의미와 깊은 관련이 있다. 라틴어 liberalis는 '자유인에게 어울리는', '자유인의 품격을 갖춘'이라는 뜻을 지니며, 이는 곧 노예가 아닌 자유 시민으로 살아가기 위해 갖춰야 할 교양과 지적 소양을 의미했다. 이러한 개념이 중세 대학 제도의 기초가 되면서, 오늘날의 'liberal arts'(교양 학문, 인문학)로 이어진 것이다.

하지만 liberal은 liberal giver라고 쓰이면 '관대하게 베푸는 사람'이라는 뜻으로 쓰인다. 정치적인 맥락에서는 주로 개인의 인권을 옹호하고 점진적인 개혁을 선호하는 가치관을 의미하며, '진보적인'이라는 뜻으로 사용된다. 따라서 liberal politician은 '진보적인 정치인'을 가리킨다.

한편 radical은 '뿌리 혹은 땅과 관련된', '생명에 직결된'이라는 의미의 라틴어 radicalis에서 비롯되었다. 그래서 radical은 '뿌리까지 바꾸는', 즉 근본적이고 철저한 변화를 뜻하게 되었고, 나아가 '극단적인'이라는 의미도 내포하게 되었다.

radical은 17세기 중반에는 '근본적인', '본질적인'이라는 뜻으로 쓰였고, 19세기 초부터는 '기존 체제를 근본부터 바꾸려는 급진적 개혁'을 뜻하는 정치 용어로 자리잡기 시작했다. 이는 당시 영국 자유당 내 급진 세력이 체제의 뿌리부터 개혁하자는 입장을 내세우면서 비롯되었다. ‘전통을 벗어나 급진적인’이라는 의미는 1920년대부터 뚜렷해졌으며, 1980년대에는 청소년 슬랭에서 ‘멋지고 대담한’ 혹은 ‘과감한, 제멋대로인’이라는 의미로도 쓰이기 시작했다.

liberal과 radical은 모두 ‘진보적’이라는 공통점을 지니지만, 다음과 같은 뚜렷한 차이가 있다. liberal은 제도 안에서의 점진적 변화를 지향하는 반면, radical은 보다 빠르고 근본적인 개혁을 추구한다. liberal은 기존 제도의 틀 안에서 개혁을 이루려 하지만, radical은 기존 질서를 타파의 대상으로 본다. 같은 맥락에서 liberal은 제도권 내에서 변화를 추구하는 반면, radical은 시민불복종이나 혁명적 방법을 통해 목적을 달성하려는 성향이 강하다.

비슷한 단어로 progressive(진보적인)가 있다. 이 단어는 progress(진보하다, 앞으로 나아가다)에서 파생된 말로, 사회를 더 나은 방향으로 개선해 가자는 움직임을 뜻한다.

liberal은 진보적이지만 점진적인 변화를 선호하며, 그 핵심 가치가 ‘자유’와 ‘관용’에 있다. 반면 progressive

는 기존 구조를 비판하면서 제도 개혁과 사회운동을 강조하며, 그 중심 키워드는 '평등'과 '사회 정의'라고 할 수 있다. 한편 radical은 체제 자체를 부정하고 뒤엎으려는 태도를 지니기 때문에, 반체제적 성격을 띤 급진적인 진보를 의미한다.

즉 liberal이 기존 제도를 벗어나지 않고 앞으로 나아가자는 주장이라면, progressive는 더 나은 사회를 만들기 위한 변화를 지향하고, radical은 기존 제도를 바꾸어 급진적인 변화를 원하는 모습이라 할 수 있다.

◦ 참다

tolerate · endure

tolerate 불편하거나 짜증 나는 상황을 받아들이며 참다
endure 정말 힘들고 고통스러운 일을 오래 참고 견디다

‘똘레랑스’라는 프랑스어를 들어본 적이 있을 것이다. 한국말로 단순히 ‘관용’ 혹은 ‘포용력’이라고 번역하지만, 이 말의 영어 표현인 tolerance를 케임브리지 사전에서 찾아보면 더욱 함축적인 의미가 있음을 알 수 있다. 이는 ‘동의하지도 승인하지도 않지만 자신과 다른 행동과 믿음을 받아들이는 기꺼움’ 또는 ‘상황이 나쁘거나 어려워도 불쾌하거나 짜증 나는 일에 대처하는 능력’이라고도 설명한다. 어쩌면 tolerance는 다른 사람들과 더불어 살 때 꼭 필요한 태도에 가깝고, 이 단어의 동사형인 tolerate는 그런 태도를 발휘함을 의미한다고 말할 수 있다.

이에 비해 endure는 ‘어렵거나 불쾌하거나 고통스러운 일을 견디거나 참다’라는 뜻이 있어서, 참거나 견뎌야 하는 강도가 고통의 경지까지 올라간다. 이 동사의 명사형인

endurance는 '지구력'이라고도 번역하는데, 등사형의 뜻과 크게 다르지 않다. 그러니까 endure가 견뎌야 하는 강도와 지속성 면에서 tolerate를 앞선다. 시련이나 위기 상황에서 무언가를 견딘다고 할 때에는 endure가 더 적절한 표현이다.

두 단어 뒤에 목적어로 흔하게 쓰이는 단어들(흔히 함께 쓰이는 단어들의 결합을 뜻하는 연어collocation)을 살펴보면 다음과 같다.

친구가 내는 소음을 참을 때, 관공서 등에서 서비스가 지연되는 일을 참을 때, 다른 나라 사람들이 보이는 다른 관습이나 다른 생각에서 오는 차이를 인정할 때는 tolerate를 사용한다. 즉 tolerate는 behavior(행동), noise(소음), differences(차이점), delays(지연) 등을 참는다고 할 때 주로 쓴다. (고통을 참는다고 할 때도 쓸 수는 있지만 그리 자주 쓰이지는 않는다.)

반면에 endure는 tolerate와 달리 확실히 '고통'과 비슷한 의미의 단어와 어울리는 것을 알 수 있다. hardship(고난, 역경), pain(고통), suffering(괴로움), loss(상실), criticism(비판), trauma(트라우마), challenges(어려움), humiliation(수치심) 등을 목적어로 취한다.

‘참는다’는 의미를 가진 동사(구)는 이외에도 put up with, withstand, persevere 등이 있다. put up with는 구어적인 표현으로, 뜻은 tolerate와 비슷하나 ‘참기는 참되 툴툴거리며 참는다’는 뉘앙스가 있다. stand도 마찬가지로 구어적인 표현으로, 부정문에서만 ‘참다’라는 뜻으로 쓰이며 적극적으로 거절하는 느낌을 내포한다.

> I can't stand being stuck in traffic for hours. 나는 몇 시간째 교통 체증에 갇혀 있는 걸 참을 수가 없어.

withstand는 강한 바람, 공격, 무게 같은 물리적인 힘을 버틴다고 할 때 주로 쓰고, 감정이나 태도라기보다는 저항력이나 내구성을 나타내는 표현이다. 즉 ‘참아서 견디다’라는 뜻보다는 ‘버텨내다, 맞서 견디다’라는 의미다.

한편 persevere는 더 오래, 더 강하게 참는다는 의미가 들어 있다. 힘들어도 멈추지 않고 참으며 목표를 향해 계속 간다는 의미가 있어서, 단순히 endure처럼 무엇을 참는다는 의미에서 더 나아가 참으며 오래 견디는 행동과 과정까지 그려 볼 수 있는 표현이다.

간단하게 tolerate, endure, persevere를 비교해 보

겠다. tolerate는 '참기'의 초입 단계에 해당해서 시끄럽게 구는 동료를 그냥 무시하고 넘기는 정도의 인내를 뜻한다. endure는 병과 싸우며 고통과 외로움을 견디는, 보다 깊은 차원의 참기다. 반면 persevere는 참기의 끝판왕이라 할 수 있는데, 아픈 몸을 이끌고 몇 년 동안 매일 재활 운동을 이어가는 것처럼 멈추지 않는 끈질긴 인내를 의미한다.

fragile · vulnerable

fragile 깨지기 쉬워 취약한

vulnerable 상처 입기 쉬워 취약한

해외직구로 아이패드나 유리 제품을 주문해 본 적이 있다면, 택배 상자에 Fragile이라는 문구를 본 기억이 있을 것이다. 한국에서는 보통 '취급 주의'라고 적지만, 영어권에서는 '깨지기 쉬운'이라는 뜻의 이 단어로 물건이 손상되기 쉬운 상태임을 강조한다.

fragile은 물리적으로 쉽게 부서지거나 손상될 수 있는 상태를 의미한다. 유리잔이나 도자기처럼 실체가 있는 사물에 주로 쓰이지만, 감정 상태나 사회적 구조처럼 비유적으로도 널리 사용된다.

- She was emotionally fragile after losing her dog. 강아지를 잃은 뒤, 그녀는 감정적으로 불안정했다.
- The peace agreement is fragile and could easily col-

lapse. 그 평화 협정은 쉽게 무너질 수 있을 정도로 불안정하다.

반면 vulnerable은 상처를 입거나 공격당할 가능성이 높은 상태를 가리킨다. 이는 물리적 상황은 물론 감정적 · 사회적 · 도덕적 맥락에서도 쓰이며, 외부 자극에 노출되어 방어가 어려운 상태를 묘사할 때 자주 사용된다.

『위대한 개츠비』는 화자인 닉 캐러웨이의 입을 빌려 다음과 같이 시작한다.

In my younger and more vulnerable years… 내가 어리고 상처받기 쉬웠던 시절에…

여기서 vulnerable은 단순한 연약함이라기보다, 외부의 영향을 강하게 받는 심리적 상태를 뜻한다. 이는 이후 이어질 지극히 주관적인 서술에 대해 일종의 면책을 암시한다.

브레네 브라운 박사는 테드 강연 『취약성의 힘』The Power of Vulnerability에서, vulnerable은 약함이 아니라 용기의 표현이라고 강조한다. 스스로의 취약함을 드러내는 것이 오히려 진정한 강함이라는 것이다. 찰스 부코스키의 시 「파랑새」역시 이러한 내면의 연약함을 상징적으로 보여 준다. 강해 보여야 한다는 남성성의 무게 속에서 차마 밖으로 드러내지 못하는 연약함을 아름답게 그려 낸다. 우리는 겉으로 강한 척하지만, 누구나 내면에는 다치기 쉬운 파랑새 한 마리를 품고 살아가지 않는가.

이처럼 fragile은 쉽게 깨질 수 있는 상태, vulnerable은 외부에 노출되어 방어가 어려운 상태를 뜻한다.

- Ella's health is fragile after her surgery. In contrast, Michael is vulnerable to infections due to a weakened immune system. 엘라는 수술 이후 몸 상태가 매우 연약한 반면, 마이클은 면역력이 약해 감염에 쉽게 노출되어 있다.
- Alison is emotionally fragile — she cries easily. Laura, however, is emotionally vulnerable — she opens up about her pain, making her emotionally exposed. 앨리슨은 감정이 쉽게 흔들려 작은 일에도 울음을 터뜨리지만, 로라는 자신의 아픔을 솔직하게 드러내 감정적으로 열린 상태다.

누군가는 fragile해서 깨지지 않으려고 조심스레 웅크리고, 또 누군가는 vulnerable해서 상처받을 것을 알면서도 마음을 연다. 하나는 유리잔 같고, 다른 하나는 드러난 속살 같다. fragile하든 vulnerable하든, 우리 안의 연약함은 감춰야 할 약점이 아니라 인간다움의 증거일지도 모른다.

stamp · stump · stomp

stamp (발을) 쿵쿵 구르다, 찍다
stump (지쳐서) 터벅터벅 걷다, 쿵쿵 걷다
stomp (화나서 힘 있게) 쾅쾅 걷다, 발을 구르다

한국어에는 '멍멍', '삐약삐약'처럼 소리를 흉내 내는 의성어와, '뒤뚱뒤뚱', '아장아장'처럼 움직임이나 모양을 묘사하는 의태어가 풍부하게 쓰인다. 이러한 표현은 말에 생동감과 감각적인 층위를 더해 준다. 영어에도 woof woof, meow, bang, buzz처럼 소리를 흉내 낸 의성어onamatopoeia가 존재하지만, 그 범위나 활용도는 한국어나 일본어에 비해 상대적으로 제한적이다.

또한 한국어에서는 의성어나 의태어가 문장에서 부사나 형용사처럼 기능하면서, 동일한 동작이나 감정을 다양한 방식으로 세밀하게 묘사할 수 있다. 반면 영어에서는 이러한 표현을 주로 동사나 형용사 중심으로 해결하는 경우가 많다.

아이를 영어와 한국어를 모두 사용하는 바이링구얼로 키우겠다고 하면서도, 정작 원어민이 아닌 부모 한쪽이 '걷다'를 오직 walk 하나로만 입력해 준다면, 아이의 언어 스펙트럼은 제한될 수밖에 없다. '터덜터덜 걷다', '아장아장 걷다', '뒤뚱뒤뚱 걷다', '사뿐사뿐 걷다'처럼 '걷다'라는 말 하나에도 감정과 상황의 결이 다르게 스며들 수 있는데, 아이의 언어에 walk라는 단어 하나만 존재하게 되는 셈이다.

언어는 세상을 바라보는 창이다. 그 창이 좁다면, 아이가 보고 느끼는 세계도 그만큼 단조롭고 평면적으로 될 수밖에 없다. 그렇기 때문에 아이에게 영어의 '맛'을 제대로 알려 주고 싶다면, 무엇보다도 감각적으로 체득할 수 있는 동사부터 시작하는 것이 좋다. 예를 들어 '걷기'와 관련된 표현을 배울 때는 실제로 아이와 함께 터덜터덜 걷고, 뒤뚱뒤뚱 걷고, 성큼성큼 걸으며 몸으로 의미를 익히게 해 주는 것이 효과적이다. 이러한 방식은 성인 학습자에게도 유효하다. 단순히 단어를 외우기보다는 직접 표현하거나 머릿속에 장면을 그려 보는 연습을 하면 더 깊은 인지가 가능해진다. 단어를 '느껴서' 아는 것만큼 언어가 내 안에 뿌리내리는 방식은 없다.

영어 역시 마찬가지다. stamp, stump, stomp는 모두

'발을 구르거나 쿵쿵 걷는' 동작을 뜻하지만, 소리의 강도나 주체의 이미지에 따라 미묘하게 쓰임이 다르다. stamp는 주로 어린아이처럼 작은 존재가 콩콩, 또는 쿵쿵 발을 구를 때 사용된다. 리듬에 맞춰 발을 구르거나, 기분이 상해 동동 구르는 모습도 떠오른다. 도장stamp을 찍는 이미지처럼 '찍듯이' 발을 내딛는 느낌이다.

- The children stamped their feet to the beat of the drum. 아이들이 북소리에 맞춰 발을 굴렀다.
- She stamped across the room, her heels echoing loudly with every step. 그녀는 하이힐 소리를 쿵쿵 울리며 방을 가로질러 걸어갔다.

stump는 육중하고 무거운 존재가 쿵쿵 걷거나 지치거나 다쳐서 힘겹게 걷는 모습을 의미한다. 서툴게 걷는다는 뉘앙스도 있다.

- The large bear stumped clumsily across the slippery river stones. 큰 곰이 미끄러운 강돌 위를 서툴게 쿵쿵거리며 건넜다.

- The young boy stumped clumsily around the room in his oversized socks. 어린 소년은 너무 큰 양말을 신고 방 안을 서툴게 돌아다녔다.

stomp는 세 동사 중 가장 강한 힘과 소리를 내포한다. 공룡이나 거인이 땅을 울리며 걷는 모습, 또는 화가 난 사람이 쿵쾅거리며 걷는 모습과 잘 어울린다.

- He stomped out of the room in frustration. 그는 좌절한 채 쿵쾅거리며 방을 나갔다.
- At the festival, the crowd stomped their feet in unison to the beat of the drums. 축제에서 사람들은 북소리에 맞춰 발을 쿵쾅 굴렀다.

한편 종종걸음처럼 작은 보폭으로 빠르게 걷는 동작은 trot이라고 하며, 특히 말이 총총걸음으로 걷는 장면에 자주 쓰인다. 다람쥐나 쥐처럼 작은 동물이 빠르게 움직이는 모습은 scurry로 표현하고, 폼을 잡으며 걷는 모습은 swagger라는 동사를 사용한다.

He came swaggering in like John Wayne. 그는 존 웨인 처럼 폼을 잡으며 들어왔다.

비틀거리며 걷는 모습은 stagger나 totter, 절뚝거리 며 걷는 모습은 limp나 hobble이 적절하다. 예를 들어 다 리를 다친 사람이 한쪽 다리를 끌며 걷는다면 "He hob-bled down the street."(그는 절뚝거리며 거리를 걸었다.) 라고 표현할 수 있다. 쿵쾅거리며 화가 나서 들어오거나 나 가는 장면은 storm in 또는 storm out으로 자연스럽게 묘 사된다. 발을 질질 끌며 터덜터덜 걷는 모습은 trudge 또는 shuffle로 나타낼 수 있다.

이처럼 영어에도 '걷다'라는 동사 하나에 stagger, totter, limp, hobble, storm, trudge, shuffle처럼 감정과 상태, 분위기와 장면을 섬세하게 담아내는 다양한 표현이 존재한다. 이런 동사 하나하나가 걸음걸이에 표정을 입히 고 장면의 온도를 조절한다. 단어의 미묘한 차이를 느낄 수 있을 때, 우리는 언어를 넘어 감각까지 확장하게 된다.

heaven · sky

---

heaven 하늘, 천국, 천상
sky 하늘, 창공

sky는 우리가 위를 올려다볼 때 물리적으로 보이는 대기권 상부, 즉 하늘을 뜻한다. 날씨, 구름, 별, 달, 해, 비행기 등 자연 현상이나 인공 물체가 존재하는 하늘이 바로 sky다. 비유적으로는 한계 없는 공간을 상징하기도 한다. sky 앞에는 정관사 the가 붙는 것이 일반적이다.

- The moon was bright in the sky last night. 어젯밤 하늘에 달이 밝았다.
- The rocket disappeared into the sky. 로켓은 하늘 저 멀리 사라졌다.

반면 heaven은 보다 추상적이고 관념적인 장소로서의 하늘을 뜻한다. 주로 천국, 또는 신이 거하는 곳이라는 종교적 의미로 사용되며, 비유적으로는 이상적인 공간이나 극도의 기쁨을 상징할 수도 있다. 기독교, 유대교, 이슬람교 등 서구 종교에서는 heaven이 곧 afterlife, 즉 사후 세계를 의미하며, 관용적으로는 정관사 없이 in heaven이라고 쓰는 경우가 많다. (그래서 기독교에서 '하늘에 계신 우리 아버지'라고 할 때에 'Our Father in heaven'이라고 한다.)

- They believe their ancestors are in heaven. 그들은 조상들이 천국에 있다고 믿는다.
- It was heaven on earth. 지상에서 느낄 수 있는 천국 같았다.

과거에는 문학이나 시에서 sky 대신 heaven을 사용하는 경우가 많았다. 이때는 in the heavens처럼 복수형으로 쓰이는 경우가 많았는데, 이는 천상, 대기의 층, 하늘 너머의 공간 등을 암시하는 표현이었다. 고대에는 신의 거처로서의 하늘과 눈에 보이는 물리적 하늘을 동일한 공간으로 인식했기 때문으로 보인다.

한국의 옛 이야기(좀 더 정확히 말하면 도교 전통에 바탕을 둔 서사)에 등장하는 하늘나라와 옥황상제는 각각 영어로 the Kingdom of Heaven, Jade Emperor 또는 Supreme Heavenly Emperor로 번역된다.

흥미로운 점은, 한국어의 '하느님'이라는 표현이 본래 '하늘님'에서 유래했다는 사실이다. 이는 고대 한국인들이 하늘을 단순한 자연 현상이 아닌, 신적 존재 그 자체로 인식했음을 보여 준다. 이때의 '하느님'은 영어로 Sky God, Heavenly Lord, Celestial Deity 등으로 옮길 수 있다. 이 단어는 이후 기독교가 한국에 전래되면서 천주교에서 유일신을 지칭하는 말로 채택되었고, 개신교에서는 '하나님'이라는 형태로 불리게 되었다. 두 표현은 형태는 다르지만, 영어로는 동일하게 God으로 번역된다.

현대 영어에서 heaven은 다음과 같은 의미로 사용된다.

- Do you think people go to heaven after they die? 넌 사람이 죽으면 천국에 간다고 생각해? → '천국'을 뜻하는 heaven
- After a long day, a hot bath felt like heaven. 긴 하루 끝에 뜨거운 목욕은 천국처럼 느껴졌다. → 감탄 표현으로서의 heaven. 극도의 기쁨이나 편안함을 나타냄

그 외에 자주 쓰이는 관용 표현도 있다.

- For heaven's sake! 제발, 제기랄!
- Thank heaven! 하늘에 감사해!
- Heaven forbid! 그런 일은 절대 일어나지 않기를!
- Heaven help! 하늘이 도우시길!
- Heaven forbid I forget our anniversary again! 내가 우리 기념일을 또 잊는 일은 절대 없어야 해!

sky와 heaven과 유사한 표현으로는 atmosphere와 firmament가 있다. atmosphere는 하늘의 대기권을 정확히 지칭할 때 쓰이며, firmament는 문학적 표현으로 '창공'을 뜻한다.

- The spacecraft re-entered the atmosphere. 우주선이 대기권에 재진입했다.
- The eagle soared high into the firmament. 독수리는 높이 창공을 날아올랐다.

could · was/were able to

---

could 할 수 있(었)다, 일어날 수 있다
was/were able to 할 수 있어서 실제로 했다

과거의 능력 혹은 가능성에 관해 이야기할 때 이 두 가지 조동사를 사용할 수 있다. 이 두 표현은 의미가 겹치는 부분도 있으나 여러 가지 면에서 뉘앙스가 다르다.

could		was/were able to
일반적	···	구체적
비공식적	···	공식적
완결?	···	완결!

could는 언뜻 과거형으로 보이지만 많은 경우 과거 시제보다는 현재의 가능성을 말할 때 쓰인다.

- I could eat a horse. 너무 배가 고파.

- It could happen to you. 누구한테나 일어날 수 있는 일이
  잖아.
- I could write a book about my ex. 내 전 애인에 관해 책
  한 권 쓸 만큼 사연이 구구절절해.

니콜라스 케이지가 주인공으로 분한 영화 『당신에게
일어날 수 있는 일』은 로또에 당첨되어 인생이 역전되는
경찰과 웨이트리스의 이야기를 그리고 있다. 로또에 당첨
되는 일은 확률은 극히 낮지만 누구에게나 일어날 수 있는
일 아닌가.

could가 조동사 can의 과거형으로 쓰이는 경우도 있
다. 이 용법이 'was able to'와 구별이 필요하다.

- When I was a child, I could swim really well. 어릴 때 나
  는 수영을 아주 잘할 수 있었다. → 과거의 능력
- He could solve complex math problems easily in high
  school. 고등학교 때 그는 복잡한 문제들을 쉽게 풀 수 있
  었다. → 과거의 능력
- In those days, we could smoke in restaurants. 그 당시
  우리는 식당에서 담배를 피울 수 있었다. → 과거의 허용

could의 과거 용법은 과거에 '할 수 있었다'라는 사실을 서술하는 의미로 쓰이나, 그래서 실제로 했는지 안 했는지는 중요하지 않고 알 수 없는 경우가 많다. 세 번째 예문의 경우, 옛날에는 식당에서 담배를 피울 수 있었지만, 그래서 실제로 화자가 담배를 피웠는지 안 피웠는지는 말하고 있지 않다.

그러나 was/were able to는 '할 수 있고 그래서 실제로 해냈다'라는 의미가 있다. 이 뉘앙스 때문에 개인의 성취와 업적에 대해 기술할 때 많이 쓰인다. 나는 보통 커버레터cover letter나 자기소개서autobiographical essay(미국 대학교 입학 시 요구되는 에세이)용 조동사라고 언급한다. 이 용법에서는 방점이 '해냈다'에 찍힌다.

- I was able to finish the project before the deadline. 나는 마감 전에 그 프로젝트를 끝낼 수 있었다. → 끝냈다!

- We were able to find a parking spot near the entrance. 우리는 입구 근처에서 주차할 자리를 찾을 수 있었다.

  → 찾았다!

- The firefighter was able to rescue the cat from the tree. 소방관은 나무에서 그 고양이를 구할 수 있었다.

  → 구했다!

이처럼 특정한 일을 해냈다는 상황을 묘사할 때 주로 쓰인다. '수영을 할 수 있었다'와 같은 일반적인 능력은 could가 더 어울리지만, '그 강을 헤엄쳐 건널 수 있었다'와 같이 구체적인 일이 주어졌다면 was/were able to가 더 어울린다.

beach · shore · coast

---

beach 해변
shore 물가, 물가 주변의 땅
coast 해안선, 연안지역

망망대해를 표류하던 범선 한 척이 있었다. 며칠 동안 애타게 육지를 찾아 헤매던 중, 갑자기 망을 보던 선원이 소리쳤다. "Land ho!"(육지다!) 모두가 환호했다. 하지만 해적이 많고 적성국도 많던 시절이라 선장은 신중하게 물었다. "해안에 무엇이 보이는가?" 이때 해안을 뜻하는 단어로 무엇을 써야 할까? beach? shore? coast?

선장이 사용한 단어는 shore였다. "What do you see on the shore?"

shore는 바다, 강, 호수와 맞닿아 있는 물가 전체를 가리키는 말이다. 물과 땅이 만나는 경계선과 그 주변을 포함하는 가장 일반적인 표현으로, 선장이 묻고자 하는 것은 단순히 모래사장이 있는지 여부가 아니라, 눈앞에 펼쳐진 해안 전체의 상황이다. 적이 있는지, 사람이 보이는지, 마을이 있는지 등을 묻는 것이기 때문에 shore를 사용하는 것이 가장 자연스럽다.

The children played in the shallow waters near the shore, under the watchful eyes of their parents. 아이들은 부모들이 지켜보는 가운데 해안가 얕은 물에서 놀았다.

shore는 보통 해안이라고 번역하지만, 여기에 더 중요한 의미가 숨어 있다. 바로 물(바다, 강 혹은 호수)과 대조되는 '뭍'이라는 의미다. 바다에서 항해를 하다가 돌아와 상륙할 때 ashore라는 표현을 쓴다. ashore는 부사로, 동사와 함께 come/go ashore(상륙하다), wash ashore(해안으로 떠밀려 오다)와 같이 쓰인다.

Debris from the wrecked ship continued to wash ashore for weeks. 난파한 배의 잔해가 몇 주 동안 계속 해안으로 씻겨 올라왔다.

반면 beach는 모래나 자갈이 깔린 좁은 구역만을 의미한다. 해안선 중에서도 특정한 형태를 가진 구역을 지칭하는 말이기 때문에, 선장이 해안 전체를 아우르는 질문을 할 때 beach를 쓰는 것은 부적절하다. 모래 해변이 사람들이 보통 해수욕을 하러 가는 beach이다. 사람들이 보통 여기에서 일광욕이나 모래 장난을 하거나 바다에 뛰어들어 수영이나 서핑을 하기 때문에 '해변에서'라고 할 때 on the beach라고 쓴다.

- Many tourists were sunbathing on the beach, enjoying the warm sun. 많은 관광객이 따스한 햇살을 즐기며 해변에서 일광욕을 하고 있었다.
- She walked along the beach, collecting seashells and small stones. 그녀는 해변을 따라 걸으며 조개 껍질과 작은 돌을 모았다.

coast는 국가나 대륙을 따라 길게 이어진 광범위한 해안 지역을 의미한다. 예를 들어 미국 동해안the east coast of the United States처럼 아주 넓은 범위를 가리킬 때 쓰인다. 지금처럼 범선이 눈앞에 육지를 발견하고 해안 가까이 다가

갔을 때, coast를 쓰면 의미가 지나치게 크고 거리가 느껴
져 부자연스럽다.

The West Coast of the United States is known for its diverse environments, ranging from dense forests and rugged mountains to expansive beaches and bustling cities, all influenced by their proximity to the Pacific Ocean. 미국의 서해안은 태평양과 인접해 있어 빽빽한 숲, 험준한 산맥, 넓은 해변, 붐비는 도시 등 다양한 환경으로 유명하다.

물론 "The coast is clear"라는 관용어구가 존재하는데, 이는 앞에 보이는 게 해안이든 거리든 산 속 계곡이든 '전방 이상 무'라는 뜻이므로, 이 표현에서 coast의 의미는 구태여 따질 필요가 없다.

따라서 선장이 해안 가까이 다가간 상황에서 '해안에 무엇이 보이느냐'고 물을 때는 가장 중립적이고 정확한 표현인 shore를 사용하는 것이 맞다.

이 질문에 대한 대답으로는 이런 표현들이 가능하다.

- I see a forest along the shore. 해안을 따라 숲이 보여요.
- I see several stone towers standing on the beach. 해변 위에 돌탑들이 서 있는 게 보여요.

coast는 너무 넓은 개념이라 망원경으로 보이는 구역에 들어오지 않는다. 망원경으로 관찰할 수 있는 범위는 보통 해안가 일대에 한정되기 때문에, 구체적인 풍경이나 구조물을 말할 때는 shore나 beach를 사용해야 한다.

크기순으로 정리하면 beach < shore < coast다. beach는 해안선 중에서도 모래나 자갈이 깔린 특정 구역을 가리키는 가장 좁은 범위를, shore는 바다, 강, 호수 등과 맞닿아 있는 물가 전체를 포괄하는 중간 정도 크기를, coast는 국가나 대륙을 따라 길게 뻗은 해안 지역 전체, 즉 가장 넓은 범위를 가리킨다.

◦ 혼자

single · solo

single 단 하나의, 독신의, 하나뿐인
solo 혼자의, 단독의, 독주(독창)의

『나는 Solo』라는 예능 프로그램이 매우 큰 인기를 끌고 있다. 그래서 그런 걸까? 'solo'라는 영어 단어가 'single'과 같은 뜻이라 생각하는 사람들이 많은 것 같다. 하지만 이는 잘못된 표현이다. solo는 혼자서 연주하거나 공연을 한다는 의미로, 연애 상태와는 아무런 관련이 없다. 우리가 말하고 싶은 '애인이나 배우자가 없는 사람'은 single이라는 단어를 써야 한다. solo는 아래와 같이 쓰인다.

- She played a beautiful violin solo during the concert. 그녀는 콘서트에서 아름다운 바이올린 독주를 했다.
- Roy sang solo in the school musical. 로이는 학교 뮤지컬에서 독창을 했다.

하지만 single이라는 단어도 조심해야 할 부분이 있다. 예를 들어 "Are you single?"이라는 영어 표현은 "미혼이세요?"라는 한국어 표현과 딱 맞아떨어지지 않는다. 영어에서 single은 결혼, 연애, 동거 등 법적 또는 정서적 관계에 있지 않음을 의미하지만, 꼭 '결혼한 적 없음'not yet married을 뜻하진 않는다. 한 번도 결혼하지 않은 사람never married, 이혼한 사람divorced, 배우자를 잃은 사람widowed, 오래전에 별거 중인 사람separated까지도 모두 영어에서는 single로 분류되기 때문이다.

흥미로운 문화 차이도 있다. 서구권에서는 별거 중인 사람이 데이트를 하거나 연애를 시작하는 일이 불륜으로 간주되지 않는 경우가 많다. 법적 이혼은 완료되지 않았지만 이미 관계가 종료된 상태로 인식되기 때문이다. 이런 경우, 당사자가 스스로를 "I'm single"이라고 말하는 것도 자연스럽게 받아들여진다. 이에 반해 unmarried는 단지 법적으로 결혼 관계에 있지 않은 상태를 말한다. 동거 중인 사람도 unmarried인 것은 맞기 때문에 single과 이 점에서 크게 차이가 난다. 영미권에서는 공식적인 문서에서 이러한 결혼 유무 상태marital status에 관해 물을 때 다음 중 하나에 표기하라고 한다.

Single(never married) 결혼한 적 없는 독신

Married 기혼

Divorced 이혼

Widowed 사별

Separated 별거

Domestic Partnership 동거 관계

Engaged 약혼

Civil Union 시민 결합. 동성혼이 합법이 되기 전에 동성애 커플들의 동거 관계를 법적으로 보장하는 데 쓰인 표현이다.

이와 함께 영어권에서는 동거하거나 연애 중인 상대를 partner라고 부르는 것이 일반적이다. 이 표현은 boyfriend/girlfriend보다 성 중립적이고 개인 정보를 드러내지 않으며, 동성 커플이나 법적 결혼이 아닌 동거 관계 등 다양한 상황에서 널리 사용된다. 직장, 병원, 설문조사 같은 공식적인 자리에서 partner라는 단어가 특히 많이 쓰인다.

한편 한국어에는 '모태 솔로'라는 표현이 있는데, solo는 연애 상태를 나타내는 단어가 아니기 때문에 영어로 직

역하면 어색하다. 그 의미를 영어로 전달하려면 다음과 같은 표현이 적절하다.

> forever alone, never been kissed, never been in a relationship, has always been single

요즘 인터넷상에서는 celibate라는 단어도 자주 보인다. celibate는 원래 종교적 이유 등으로 성관계를 하지 않기로 서약한 상태를 뜻했지만, 21세기에 들어서는 성관계를 원하지만 현실에서 그것이 불가능한 상태를 묘사하는 데도 쓰이게 되었다. 특히 incel이라는 표현에 주목할 필요가 있다. 이는 involuntarily celibate(비자발적 독신)의 줄임말로, 성관계를 원하지만 이성에게 관심을 받지 못해 성적 관계를 맺지 못하는 남성을 가리키는 말이다. 이 용어는 온라인 하위문화에서 강한 정체성을 형성했고, 일부 커뮤니티에서는 사회적 문제로 이어지기도 했다. 여성 버전의 incel은 femcel이라고 부른다.

이렇듯 관계를 나타내는 말은 다양하고 복잡하다. 하지만 성 정체성sexuality과 성적 지향sexual orientation을 나타내는 말은 더욱더 복잡하니, 먼저 개념을 파악하고 나와 세상에 대한 이해를 키운 후 표현도 정확하게 배우면 좋겠다.

마지막으로 꼭 짚고 넘어가야 할 표현이 있다. 바로 open relationship과 open marriage다. 이 표현에서 open은 단순히 자유로운 분위기를 뜻하는 것이 아니라, 상대방의 동의하에 제3자와 연애나 성적 관계를 맺는 것이 허용되는 관계를 뜻한다. 페이스북의 '연애 상태' 항목에 있는 Open Relationship이 한국어로 '자유로운 연애 중'이라고 번역되면서, 이 표현을 '구속받지 않는 연애' 정도로 해석하고 선택하는 한국인들이 종종 있는데, 이는 실제 의미와 크게 다를 수 있으므로 주의가 필요하다.

promotion · endorsement

promotion 홍보, 촉진, 승진
endorsement 지지, 추천, (유명인의) 광고 출연

요즘은 연예인들이 명품 브랜드의 앰버서더ambassador로 활동하는 모습을 자주 접한다. 예를 들어 블랙핑크 제니는 샤넬의 홍보 대사고, 르세라핌은 루이비통의 홍보 대사다. 영어로는 물론 ambassador라고 부르지만, 그들이 하는 '홍보 활동' 자체는 영어로 endorsement라고 표현할 수 있다. 보통 endorsement는 '지지, 추천, 후원' 등으로 번역되지만, 그대로 옮기면 문맥에 따라 어색하게 들릴 수도 있다. 이 단어는 특히 유명인이 어떤 브랜드나 제품을 좋다고 말하며 지지하고 추천하는 행위를 뜻할 때 자주 쓰인다. 예를 들어 연예인이 광고에 등장해 특정 브랜드를 알리는 것, 혹은 실제로 그 브랜드 제품을 착용하거나 사용하는 모습을 보여주는 것은 모두 endorsement에 해당한다. endorsement를 '광고 출연', '광고 홍보' 혹은 그냥 '홍보'라고 번역하기

도 하지만, 사실은 단순히 제품을 좋다고 말하는 것을 넘어 그 브랜드의 이미지와 자신의 이미지를 연결시키는 홍보 방식이다.

Jennie, known as the 'Human Chanel,' has been paving the way for her remarkable ascent in the world of brand endorsements. '인간 샤넬'로 알려진 제니는 브랜드 홍보의 세계에서 눈부신 상승세를 예고했다.

동사형 endorse는 다음처럼 활용할 수 있다.

Blackpink Jennie is endorsing Chanel. 블랙핑크 제니는 샤넬을 홍보하고 있다.

이 문장에서 endorse는 단순히 광고에 등장하는 것 이상의 의미를 내포한다. 브랜드를 지지하고 추천하며 대표하는 얼굴이 되는 행위인 것이다.

endorse는 단순한 광고를 넘어, 정치·정책·사회적 사안 등에 대한 공개적인 지지를 나타낼 때도 자주 쓰이는 동사다.

The mayor publicly endorsed the new public trans-
portation plan, calling it a breakthrough for the city's
traffic woes. 그 시장은 새로운 대중교통 계획을 도시의
교통난에 대한 돌파구라고 부르며 공개적으로 지지했다.

정치 후보를 지지할 때도 endorse를 쓰며, 다소 고전
적인 용법이긴 하지만 '수표에 배서하다'는 의미도 있다.
한국에서는 요즘 수표 사용이 드물어져서 젊은 세대는 '배
서하다'라는 표현 자체를 생소하게 느낄 수 있지만, 서구
권에서는 일정 분야에서 여전히 수표를 사용하는 경우가
있다. 수표를 쓸 때 뒷면에 이름과 연락처 등을 쓰는 행위
를 배서한다고 하는데, 영어로는 endorse a check라고 표
현한다.

한편 promote는 보다 넓고 포괄적인 의미를 가진 단
어다. 제품이나 서비스를 알리는 데 그치지 않고 정책·인
식·가치 등 사회적 메시지를 퍼뜨리는 일까지 포함한다.
주로 기업, 기관, 단체가 주도하는 홍보 활동에서 많이 사용
된다.

The nonprofit organization launched a campaign to promote awareness about mental health issues among teenagers. 그 비영리 단체는 청소년의 정신 건강 문제에 대한 인식을 높이려고 캠페인을 시작했다.

여기서 promote awareness는 '어떤 사회적 인식을 높이거나 메시지를 널리 알리다'라는 뜻으로 자주 쓰이는 표현이다. 또한 promote는 '홍보하다'는 뜻 외에도 어떤 것을 더 좋아지게 만들거나 증가시키는 의미의 '진작시키다, 혹은 승진시키다'의 뜻으로도 쓰인다.

정리하자면 endorsement는 유명인의 개인적 영향력을 통해 신뢰를 얻는 '추천 기반'의 홍보이며, promotion은 브랜드나 기관이 전략적으로 주도하는 '체계적인 마케팅 활동'이라고 할 수 있다.

결론적으로 endorsement는 '사람의 힘으로', promotion은 '전략과 시스템의 힘으로' 무언가를 알리는 것이다.

더 많은 단어들Appendix

① **결과: result • consequence**

두 단어 모두 '어떤 일이나 행동의 결과'를 뜻하지만, 뉘앙스와 쓰임에는 차이가 있다. result는 가장 일반적인 단어로, 긍정적이든 부정적이든 어떤 행동이나 사건에서 생기는 결과 전반을 폭넓게 지칭한다. 시험 성적, 실험 결과, 협상 결과 등 다양한 상황에서 사용된다.

The experiment yielded surprising results. 실험은 놀라운 결과를 낳았다.

반면 consequence는 특히 부정적인 결과나 피할 수 없는 불가피한 상황을 암시하는 경우가 많다. 또한, 행동과 그 결과 사이의 인과 관계cause and effect를 강조하는 데 자주 쓰이며, 다소 격식 있는 표현이다.

He didn't study, and as a consequence, he failed the test. 그는 공부하지 않았고, 그 결과 시험에 떨어졌다.

요약하자면 result는 중립적이고 일상적인 '결과', consequence는 주로 부정적인 '대가'나 '영향'을 의미하며, 보다 논리적이고 공식적인 문맥에서 자주 사용된다.

②　곤충: **insect • bug**

insect는 과학적으로 몸이 머리head, 가슴thorax, 배abdomen의 세 부분으로 나뉘고, 다리가 6개이며, 보통 날개가 있는 작은 동물을 의미한다. 나비, 개미, 무당벌레, 파리 등이 이에 해당한다.

반면 bug는 일상에서 insect와 혼용되기도 하지만, 생물학적으로는 '진정한 벌레'true bug를 의미한다. 이들은 보통 빨대처럼 생긴 입(주둥이)을 이용해 식물 즙이나 다른 곤충의 체액을 빠는 특징을 가지며, 노린재, 진딧물, 매미 등이 대표적인 예다. 즉 모든 bug는 insect이지만, 모든 insect가 bug인 것은 아니다.

재미있는 예로 개미는 bug가 아닌 insect임에도 불구하고 픽사 영화 『벅스 라이프』에서 주인공으로 등장한다. 이처럼 일상에서는 bug가 곤충 전반을 지칭하는 말처럼 사용된다.

한편 worm(벌레)은 insect가 아니다. 다리가 없고 길쭉하며 부드러운 몸을 가진 동물로, 지렁이, 구더기 등이 여기에 속한다. 그리고 거미는 insect도 bug도 아니며, 다리가 8개이고 몸이 두 부분으로 나뉜 '거미류'에 속한다.

③   단어: **word • vocabulary**

word는 book, run, happy처럼 하나하나의 개별적인 단어를 의미한다. 셀 수 있는 명사로, 쉽게 낱개로 세거나 나열할 수 있다. 반면 vocabulary는 그러한 단어들의 전체 집합을 의미하며, 여기에 숙어phrases, 동의어synonyms, 반의어antonyms 등도 포함된다. 즉 vocabulary는 언어 사용에 필요한 어휘 전반을 포괄하는 개념이다.

vocabulary는 일반적으로 셀 수 없는 명사지만, '개인의 어휘력'이나 '하나의 어휘 체계'처럼 전체를 하나의 단위로 바라볼 때는 a large vocabulary, a rich vocabulary처럼 'a + 형용사 + vocabulary' 형태로 자주 쓰인다.

She has a large vocabulary for her age. 그녀는 나이에
비해 어휘력이 풍부해.

또한 vocabulary 안에 있는 하나의 단어 또는 표현을
말할 때는 보통 a vocabulary item 또는 a lexical item이라
는 표현을 사용한다.

"Run" is a basic vocabulary item that can function as
both a noun and a verb. "Run"은 동사와 명사의 기능을
모두 수행하는 기본적인 어휘다.

요약하자면 word는 어휘의 개별 단위, vocabulary는
그 전체를 구성하는 시스템이다.

④ 등산: **hiking • climbing • trekking**

도심 근처의 산이나 잘 정비된 둘레길과 올레길 등을 걷는
활동은 climbing이 아니라 hiking이라고 한다. hiking은

특별한 장비 없이 즐기는 산행이나 자연 속 걷기 활동을 뜻하며, 일반적으로 하루 안에 다녀오는 가벼운 코스를 말한다. 반면 climbing 또는 mountain climbing은 암벽이나 험한 지형을 오를 때 주로 쓰이며, 로프나 하네스 같은 전문 장비를 갖춘 등반을 의미한다.

한편 trekking은 비교적 길고 험한 코스를 며칠에 걸쳐 걷는 활동으로, 정비되지 않은 자연 속을 걷는 고된 여정이라는 뉘앙스를 담고 있다. 쉽게 말하면, hiking은 '산책에 가까운 산행', climbing은 '장비를 동반한 본격적인 등반', trekking은 '야생 속 장거리 도보 여행'이라 할 수 있다.

⑤　변호사: **attorney • lawyer**

미국식 표현에서 attorney는 바 시험bar exam을 통과해 법정에서 의뢰인을 대리할 수 있는 자격이 있는 변호사를 뜻한다. 반면 lawyer는 법학 교육을 받은 사람을 폭넓게 일컫는 말로, 로스쿨을 졸업했더라도 반드시 변호사 자격이 있는 것은 아닐 수도 있다. 즉 모든 attorney는 lawyer지만, 모든 lawyer가 attorney인 것은 아니다.

참고로 영국에서는 변호사를 barrister와 solicitor
로 구분한다. 전통적으로 barrister는 주로 법정에서 변
론을 담당하며 복장을 갖추고 법정에 서는 역할을 했고,
solicitor는 의뢰인을 상담하고 계약서나 서류를 준비하는
등 사무적인 법률 업무를 주로 맡았다. 다만 최근에는 일부
solicitor도 법정에서 변론할 수 있게 되면서 두 직역의 구
분이 예전만큼 엄격하지는 않다. 미국의 attorney는 이 두
역할을 모두 수행하는 경우가 많다는 점에서 영국의 변호
사와 차이를 보인다.

⑥　수소: **bull • ox**

두 단어 모두 수컷 소를 가리키지만, 용도와 생물학적 상태
에 따라 의미가 달라진다.

　bull은 거세되지 않은 수컷 소로, 주로 번식을 위해 사
용되며 투우나 로데오 같은 활동에서도 등장한다. 이들은
일반적으로 공격성이 높고 힘이 세다.

　반면 ox(복수형은 oxen이다)는 노동을 위해 기른 수
소를 의미하는데, 대부분 어릴 때 거세된 수컷 소다. 거세
하면 성격이 온순해지고 힘든 일을 수행하기에 적합해진

다. ox는 밭을 갈거나 짐을 끄는 등 전통적인 농경 사회에서 중요한 역할을 해 왔다.

따라서 모든 ox는 원래 bull이었을 수 있지만, ox는 특정한 조건(거세 및 훈련)을 거친 후 불리는 이름이다. 반대로 모든 bull이 ox가 되는 것은 아니다.

⑦　애벌레: **larva • caterpillar**

larva는 곤충이 알에서 깨어난 후 성체가 되기 전까지 거치는 발달 단계 중 첫 번째 단계를 의미한다. 이 시기의 곤충은 성체와는 전혀 다른 모습이며, 먹고 성장하는 데 집중한다. larva는 생물학적 분류 용어로, 파리 · 딱정벌레 · 모기 · 나비 등 다양한 곤충의 유충 단계에 폭넓게 사용된다. 형태도 다양해서, 지렁이처럼 생긴 것도 있고 물속에서 생활하는 것도 있다.

반면 caterpillar는 나비와 나방과 같은 곤충의 유충, 즉 larva 중에서도 특정 그룹에만 해당하는 단어다. 우리가 흔히 애벌레라고 부르는 형태로, 보통 다리가 있고 식물 잎을 갉아 먹으며, 시간이 지나면 번데기pupa를 거쳐 성충이 된다.

요약하자면 모든 caterpillar는 larva이지만 모든 larva가 caterpillar인 것은 아니다. 하나는 과학적 범주이고, 다른 하나는 그 안의 특수한 형태다.

⑧ 원주민: **indigenous • aboriginal**

indigenous는 오늘날 미국과 국제 사회에서 널리 사용되는 표현으로, 미국 원주민Native Americans과 알래스카 원주민Alaska Natives 등 해당 지역에서 '토착적으로 태어난 민족'을 가리킨다. 이 단어는 원래 '어떤 땅에서 태어난'이라는 뜻으로 17세기부터 사용되었으며, 오늘날에는 BIPOC-Black, Indigenous, People of Color라는 용어에도 포함된다('바이포크'라고 발음하며, 다민족 사회에서 유색 인종을 가리키는 가장 최신 용어다). 여기서 indigenous는 흑인과 함께 미국 내에서 가장 오랜 역사를 지닌 유색 인종 그룹으로 강조된다.

반면 aboriginal은 '처음부터 존재한, 원시의'라는 뜻으로, 마찬가지로 17세기부터 쓰여 왔다. 1982년 캐나다 정부는 기존에 '인디언'이라 불리던 집단First Nations, 이누이트Inuit, 선주민과 유럽계 혼혈Métis을 포괄하는 공식 용어로 Aboriginal peoples라는 표현을 도입했다.

또한 Aboriginal의 A를 대문자로 표기하면 일반적으로 호주 원주민Australian Aboriginal peoples을 지칭한다. 호주에서는 Aboriginal과 Torres Strait Islander peoples를 함께 묶어 'First Australians' 또는 'First Peoples'라고 부르기도 한다.

요약하자면 indigenous는 토착민을 가리키는 용어 중 가장 널리 쓰이는 포괄적 표현이며, aboriginal은 지역에 따라 공식 용어로 사용되거나 문화적·법적 맥락에서 특별한 의미를 가진다.

⑨　위스키: **whiskey · bourbon**

whiskey는 곡물을 발효·증류한 뒤 오크통에서 숙성시킨 증류주를 통칭하는 말이다. 스코틀랜드는 전통적인 위스키 생산지로 유명하며, 이 지역에서는 일반적으로 e 없이 'whisky'로 적는다. 이는 아일랜드를 제외한 대부분의 영국식 표현에서 사용하는 철자이며, 복수형은 whiskies이다. 반면 미국에서는 'whiskey'처럼 e를 포함해 표기하며, 복수형은 whiskeys이다.

bourbon은 위스키의 한 종류로, 미국(특히 켄터키 주)에서 생산되는 제품을 말한다. 법적으로는 곡물 혼합물 가운데 51퍼센트 이상이 옥수수여야 하며, 새 오크통에서 숙성해야 한다. 따라서 bourbon은 단독으로도 쓰이지만, 정식 명칭은 bourbon whiskey이다. 이 외에도 호밀 rye을 주원료로 만든 rye whiskey도 있으며, 원재료에 따라 맛과 향이 달라진다.

⑩   이력서: **résumé • CV**

우리가 흔히 말하는 이력서는 영어로 résumé이며, 프랑스어에서 유래한 단어다. ['rezəmeɪ]로 발음하는 이 단어는 résumér(요약하다)에서 왔다. 실제로도 résumé는 자신의 경력과 능력을 간결하게 요약한 짧은 문서로, 보통 1~2페이지 이내로 구성되며 기업 입사 지원 시 제출하는 이력서가 여기에 해당한다.

요즘에는 키보드 입력의 편의성 때문에 악상accent 없이 'resume'으로 표기하기도 하지만, 이 경우 '재개하다'라는 전혀 다른 의미의 동사와 혼동될 수 있으므로 문맥상 주의해야 한다.

반면 CV는 Curriculum Vitae의 약자로, '삶의 이력'
이라는 뜻이다. 학계, 연구기관, 혹은 의학·법률 분야 등
에서 주로 사용되며, 논문, 학술 활동, 수상 경력 등을 상세
히 포함한 장문의 문서다. 보통 2페이지 이상이며, 경우에
따라 수십 페이지에 이를 수도 있다.

추가로, 미국에서는 résumé가 일반적이며, 유럽이나
영연방 국가(영국, 호주 등)에서는 CV라는 용어를 더 자주
쓴다. 단, 지역별로 쓰이는 용어는 비슷해도 문서 형식과
내용에는 차이가 있을 수 있으니 구분해 두는 것이 좋다.

⑪　일기: **diary • journal**

diary는 우리가 흔히 말하는 일기로, 하루 동안 있었던 일
이나 감정을 자유롭게 기록하는 개인적인 글이다. 예를 들
어 "오늘 친구랑 싸워서 속상했다"처럼, 사소하고 감정적
인 내용을 솔직하게 써 내려가는 것이 특징이다. 표현 방식
도 자유롭고, 사적인 성격이 강하다.

반면 journal은 특정 주제에 대한 자신의 생각이나 관
찰을 체계적으로 정리하는 글이다. 미국 학교의 작문 과제
에서 자주 등장하는 형식으로, 사고의 흐름이나 성찰을 기

록하는 데 중점을 둔다. 예를 들어 수업에서 배운 개념에 대한 자신의 의견을 정리하거나 독후감을 쓰는 과제가 이에 해당한다. 따라서 지나치게 사적인 이야기, 예컨대 "남자친구와 싸웠다" 같은 내용은 일반적으로 journal에는 어울리지 않는다.

추가로 journal은 학술지article journal, 여행기travel journal, 감정 기록emotion journal 등 다양한 목적으로 쓰이는 포괄적인 개념이다.

⑫　자격증: **diploma • certificate**

diploma는 그리스어 diploma에서 유래된 단어로, 본래 '접힌 문서'를 의미했다. 오늘날에는 정규 교육 과정이나 공식적인 프로그램을 이수했음을 증명하는 문서를 뜻하며, 고등학교나 대학교 졸업장이 대표적인 예다. 일반적으로 상대적으로 긴 기간(1년 이상)의 학업이나 훈련 과정을 마쳤을 때 발급된다.

반면 certificate는 특정 기술, 훈련, 단기 교육 과정을 성공적으로 이수했음을 보여주는 문서다. 예를 들어 온라인 강좌, 직무 관련 연수, 언어 수업, 기술 자격 과정 등을 마쳤을 때 받는 것이 이에 해당한다. 공식 학위와는 다르지만, 실무 능력이나 특정 주제에 대한 학습 이력을 증명하는 데 유용하다.

요약하자면 diploma는 장기적이고 제도적인 학업 이수의 증거, certificate는 특정 분야나 기술에 대한 단기적 이수 증명이라고 할 수 있다.

- high school diploma 고등학교 졸업증명서
- certificate in digital marketing 디지털 마케팅 자격증

⑬　재고: **inventory • stock**

두 단어 모두 재고로 번역되지만, 의미와 사용 맥락에는 중요한 차이가 있다. inventory는 창고나 매장에 보관 중인 모든 물품의 목록을 의미하며, 보통 회계나 재고 관리의 문맥에서 사용된다. 즉 실제 물품 자체보다는 그 물품에 대한 정리된 데이터나 문서화된 리스트에 초점을 맞춘 말이다.

We need to update our inventory records. 재고 기록을 업데이트해야 해.

반면 stock은 실제로 보유하고 있는 상품이나 물건, 즉 판매나 유통의 대상이 되는 제품 그 자체에 초점이 있다.

- We're out of stock. 재고가 떨어졌어요.
- We have plenty of stock in the warehouse. 창고에 재고가 많이 있습니다.

inventory는 '재고 목록', stock은 '실제 물품'을 뜻하며, inventory는 기록의 개념, stock은 물리적 대상이라고 구분하면 이해하기 쉽다.

⑭　젖은: **wet • humid • moist**

세 단어 모두 '수분이 있는 상태'를 표현하지만, 적용되는 대상과 뉘앙스에 차이가 있다. wet은 물이나 액체가 표면뿐 아니라 속까지 충분히 젖은 상태를 말한다. 가장 일반적이고 강한 습기 표현으로, 옷, 머리카락, 땅 등이 흠뻑 젖었을 때 사용된다.

My shoes are wet from the rain. 비 때문에 신발이 흠뻑

젖었어.

moist는 살짝 촉촉한 정도의 수분이 있는 상태를 뜻
하며, 주로 음식이나 피부처럼 약간의 수분이 좋은 상태에
쓰인다. 긍정적인 뉘앙스를 가진 경우가 많다.

- The cake is nice and moist. 케이크가 촉촉하고 맛있어.
- Use a moist towel to clean your face. 촉촉한 수건으로
  얼굴을 닦아.

humid는 공기 중의 습도와 관련된 단어로, 날씨나 환
경이 덥고 눅눅할 때 사용된다. 불쾌감이나 무거운 공기의
느낌을 동반하는 경우가 많다.

It's so humid today — I'm sweating just standing still.
오늘 너무 습해서 가만히 있어도 땀이 나.

⑮ 지갑: **purse • handbag • wallet**

purse는 원래 동전을 넣는 아주 작은 지갑을 의미했지만,

오늘날에는 여성들이 사용하는 소형 손가방을 뜻하는 경우가 많다. 휴대폰, 화장품, 지갑 등 기본적인 소지품을 넣을 수 있는 크기로, 어깨에 걸치거나 손에 드는 형태다.

handbag은 purse보다 크고 수납력이 뛰어난 여성용 가방으로, 보통 여러 개의 칸이나 지퍼가 달려 있어 다양한 물건을 정리하기 좋다. 특히 외출 시 갖고 다니는 개인 소지품을 모두 넣는 용도로 자주 사용된다.

한편 wallet은 지갑을 뜻하며, 지폐, 신용카드, 신분증 등을 수납하는 납작한 형태의 소지품이다. 크기가 작아 주머니에 들어갈 수 있도록 설계되어 있고, 남성들은 일반적으로 handbag이나 purse 대신 wallet만 들고 다니는 경우가 많다. 여성도 wallet을 handbag이나 purse 안에 넣어 다니는 경우가 많다.

참고로 미국에서는 purse가 일반적인 여성 가방을 뜻하지만, 영국에서는 handbag이라는 표현을 더 자주 사용한다. 영국에서 purse는 여전히 작은 '지갑'을 의미한다.

⑯ **철: iron • steel**

iron은 쇠 또는 철로 번역되며, 주기율표 상 Fe로 표시되는 금속 원소다. 자연 상태에서는 녹슬기 쉬우며, 순수한 형태의 강도는 그리 높지 않다. 반면 steel(강철)은 iron에 일정량의 탄소(carbon)를 섞어 만든 합금으로, 훨씬 더 단단하고 내구성이 뛰어나 산업 전반에 널리 사용된다.

즉 iron은 자연에서 얻은 금속 원소, steel은 인간이 만든 공학적 재료라고 볼 수 있다. 일상에서는 냄비나 못처럼 비교적 단순한 금속 제품에는 iron이, 건축 자재·자동차·기계 부품처럼 고강도 내구성이 필요한 곳에는 steel이 주로 쓰인다.

흥미롭게도 이러한 차이는 문화 속 표현에서도 나타난다. 예를 들어 Iron Man은 철갑 옷을 입은 천재 발명가 토니 스타크를 가리키며, 비교적 인간적인 면모와 불완전함을 지닌 캐릭터다. 반면 Man of Steel은 슈퍼맨의 별칭으로, 깨지지 않는 강철처럼 초인적인 힘과 완전함을 상징한다. 이처럼 iron은 무거움과 기계성, steel은 강인함과 절대적인 힘의 이미지를 상징한다.

⑰　축구: **football • soccer**

영국에서 football은 우리가 아는 발로 하는 축구를 뜻한다. 하지만 미국에서 football은 미식축구American football를 가리키는 말이다. 그래서 미국에서는 축구를 soccer라고 부른다.

이런 혼동은 문화권에 따라 같은 단어가 전혀 다른 스포츠를 가리킬 수 있다는 언어적 차이에서 비롯된다. soccer라는 단어는 원래 영국에서 association football의 줄임말로 만들어졌지만, 이후 미국·캐나다·호주 등에서는 미식축구와 구분하기 위해 계속 사용되었다. 반면 영국에서는 이 표현이 점차 사라졌고, 지금은 football이 곧 축구를 의미한다.

예를 들어 영국 프리미어리그 팀 중 하나인 Manchester FC에서 FC는 Football Club의 약자로, 축구팀이라는 의미다. 이처럼 영국식 영어에서는 football = 축구, 미국식 영어에서는 football ≠ 축구라는 점을 기억해 두면 혼동을 줄일 수 있다.

⑱　컵받침: **coaster • saucer**

coaster는 머그잔이나 컵을 책상 위에 직접 놓지 않도록 받쳐 주는 받침이다. 물기나 열기로부터 테이블을 보호하기 위한 용도로 사용되며, 단독으로 사용하는 것이 일반적이다. 재질은 나무, 코르크, 실리콘, 금속 등 다양하고 형태나 디자인도 매우 자유롭다.

반면 saucer는 찻잔이나 커피잔과 함께 세트로 구성된 작은 접시로, 컵 아래에 놓여 넘친 액체를 받거나 티스푼을 올려놓는 용도로 사용된다. 보통 자기ceramic 재질이며, 접시처럼 오목한 형태를 하고 있다.

coaster는 테이블 보호용 단독 받침, saucer는 찻잔 세트의 일부로 기능적·미적인 역할을 함께하는 받침 접시라고 할 수 있다.

⑲　태아: **embryo • fetus**

두 단어 모두 태아의 발달 단계를 가리키지만, 임신 시기와 발달 정도에 따라 쓰임이 달라진다. embryo는 수정 후부터 임신 약 8주까지의 초기 발달 단계를 의미한다. 이 시기에는 세포 분열이 활발하게 일어나더, 주요 장기들이 형성되기 시작한다. 아직 사람의 형태가 뚜렷하지 않은 단계로, 주로 의학적·생물학적 문맥에서 사용된다.

Doctors monitored the embryo's development during the first trimester. 의사들은 임신 초기 동안 배아의 발달을 관찰했다.

fetus는 임신 9주부터 출산까지의 단계를 의미하며, 이 시기에는 장기들이 점차 완성되고 몸의 형태가 인간답게 뚜렷해진다. 이 시점부터는 태아가 성장과 움직임을 본격적으로 시작한다.

The fetus was moving actively during the ultrasound. 초음파 검사 중에 태아가 활발히 움직이고 있었다.

이 두 용어는 사람뿐만 아니라 포유류 동물의 발달 과정에도 공통적으로 사용된다. 다만, 동물마다 임신 기간이 다르기 때문에 '몇 주 차'로 구분하기보다는 전체 임신 기간을 기준으로 한 상대적 단계로 embryo와 fetus를 나눈다. 예를 들어, 개는 약 9주간의 임신 기간 중 초반은 embryo 단계, 후반은 fetus 단계로 본다.

⑳ 토끼: **rabbit • bunny • hare**

rabbit은 우리가 흔히 말하는 토끼를 뜻하는 기본 단어로, 실제 동물 분류상으로 bunny와 동일하다. bunny는 rabbit을 귀엽고 친근하게 부르는 구어체 표현으로, 어린이 책이나 장난감, 캐릭터 이름 등에 자주 사용된다. Easter Bunny(부활절 토끼)가 대표적인 예다.

반면 hare는 산토끼로, rabbit과는 전혀 다른 종이다. 보통의 rabbit보다 몸집이 크고 귀와 뒷다리가 더 길며, 주로 야생에서 혼자 생활하고 매우 빠르게 달린다. 생태적 특징도 다르다. 예를 들어 hare는 날 때부터 털이 나 있고 눈을 뜨고 있지만, rabbit은 털도 없이 눈을 감은 상태로 태어난다는 차이가 있다.

어린이에게 익숙한 우화 『토끼와 거북이』에 나오는 토끼도 바로 이 hare다. 참고로 여기서 함께 등장하는 tortoise는 땅에서 사는 거북을 뜻하고, turtle은 주로 바다 등 물속에 사는 거북을 가리킨다. 따라서 이 이야기의 거북이는 turtle이 아니라 tortoise라고 해야 정확하다.

영어 어감 사전
: 속뜻만 알면 쏙 들어오는 영단어 뉘앙스

2026년 1월 24일   초판 1쇄 발행

지은이
조이스 박

펴낸이   펴낸곳   등록
조성웅   도서출판 유유   제406-2010-000032호 (2010년 4월 2일)

                    주소
                    경기도 파주시 돌곶이길 180-38, 2층 (우편번호 10881)

전화   팩스   홈페이지   전자우편
031-946-6869   0303-3444-4645   uupress.co.kr   uupress@gmail.com

                    페이스북   트위터   인스타그램
                    facebook.com   twitter.com   instagram.com
                    /uupress   /uu_press   /uupress

편집   디자인   조판   마케팅
인수, 김은우   이기준   정은정   전민영

제작   인쇄   제책   물류
제이오   (주)민언프린텍   라정문화사   책과일터

ISBN 979-11-6770-147-3 03740